はじめて学ぶ人のための社会福祉

三本松政之・坂田周一 編

誠信書房

はじめに

　本書は，社会福祉や社会福祉学について知りたい，考えてみたいと思った人がはじめて手にする本として，その読みやすさを心がけながら執筆されています。こんにち少子高齢化の進展や超高齢社会を迎え，また私たちの暮らす社会・経済環境も変化しつつあります。さらには，大規模な災害を通しての生活破壊を経験してきました。そしてそこには生活上の新たな困難や課題が生じ，その支援のしくみが求められています。

　このような生活にかかわる多様な変化の経験は，人びとの日常生活を支える支援のしくみとしての福祉への関心や期待を従来にまして高めています。わたしたちの日々の生活を支える身近なしくみとして考えられている社会福祉ですが，改めて社会福祉について考えてみようとすると，わたしたちは福祉に何を期待しているのか，あるいは期待することができるのか，またその期待に対して福祉はどのようなしくみのもとで，どのようにして応えようとしているのか，意外とわからないことが多いのではないでしょうか。

　読者には，本書からただ単に福祉についての知識を得ようとするのではなく，筆者からの問いかけについて考えながら，あるいは自分の身近な問題を思い浮かべながら本書を読み進めていただきたいと思います。そのことを通して福祉についての理解を深め，さらには求められる福祉のあり方について自らの言葉で身近な人と語り合うことができるように活用していただければと願っています。

　本書は3つの部から成り立っています。第Ⅰ部は，福祉について考えるうえでの基本的な論点や背景について述べています。第Ⅱ部は日本の社会福祉のしくみについて論じます。第Ⅲ部では社会福祉を担う人たちがどのような人たちなのか，その特徴などについて述べます。

　まず第Ⅰ部の「福祉について考える」では，序章で人口減少社会の進展にともなう，その社会のしくみへの影響の現れや福祉と関わる生活上の課題について検討し，福祉のこんにち的な課題について概観します。ついで第1章

iii

では西欧での社会福祉の理念や制度の発展などを踏まえつつ，日本での社会福祉制度や施策の展開などの「社会福祉のあゆみ」を振り返り，こんにちの社会福祉制度がどのようにして形作られてきたのかを概観します。そして第2章ではハンセン病が福祉の課題として位置づけられなかったことの問い直しから，社会福祉という制度の存立の基盤である福祉と人権について考えます。

第Ⅱ部は，援助のしくみと方法について知ることを目的として，7つの章が展開されます。第3章では日本の社会福祉のしくみと考え方について解説します。第4章では家族と社会福祉とがどのような関係にあるのか，こんにち的な家族の生活ニーズやそのサポートの課題について，家族の変化とそれにともなう生活課題の変遷を通して論じます。

続く第5章から第9章までは，社会福祉の領域，支援の場，対象などに関わって論じています。こんにちの社会福祉は，地域社会を基盤に推進されています。第5章は地域社会と福祉の関係について地域社会における社会生活上の関係性の希薄化という課題認識から，そのような状況を補い支え合うための活動やしくみづくりなどを事例を交えて考えます。第6章はしょうがい者福祉について「当事者主権」や「障害学」の考え方を踏まえて，しょうがいのある人の立場にたって論じています。なおこの章の第1節では「"しょうがい"と"障害"は違うのか？」と"しょうがい"をめぐる表記について考えています。本書では，基本的には"しょうがい"の表記を用いています。その理由については本文を読んで考えてみてください。第7章は「高齢社会を生きること」としていまだ経験したことのない，高齢者の割合が圧倒的に多い社会における生活や課題，そしてそれに対応する社会福祉のしくみについて考えます。第8章では少し視点を変えて過疎化の進展が人びとの暮らしに及ぼす影響について，過疎地域での地域特性を踏まえた福祉サポートのあり方を考えます。そして人口減少社会や超高齢社会の暮らしを支える手がかりにもなるような，生活を支えるための新たな試みを紹介します。第9章はいまだ必ずしも社会福祉の領域や課題として考えられてはいませんが，増加する外国につながる人の生活の現状と福祉によるサポートの必要性，さらにそのことを考えることを通して多様な属性をもつ人びとが地域で支え合

うことについて論じています。

　第Ⅲ部の社会福祉を担う人たちでは，第10章で社会福祉の現場で働く専門職という仕事について，何を行うのか，どこで働くのか，またその特徴を考えます。第11章では現代社会の新たな福祉課題への気づきや生活課題のサポートに関わるインフォーマルな担い手としてのボランティアやNPO活動の意義について考えます。

　以上が本書の概略になります。本書の読み方は，序章から順番に読み進めることも，また自分が読みたいと思うところから読み始めることもできます。社会福祉の世界を自由に読み解き学んでみてください。

　本書は前編集部長だった松山由理子氏から20年近く前にご提案をいただきながら形にすることのできなかった企画で，昨年再びお声がけをいただき今回の出版に至ったものです。わたくしにとっては長い宿題をようやく形にできたという思いがあります。今回このように形にすることができたのは，本年3月まで立教大学コミュニティ福祉学部の同僚であり，現立教大学名誉教授，西九州大学教授の坂田周一教授に共編者をお引き受けいただいたことが大きいことを記しておきます。最後に，松山氏とともに本書の編集実務を当初担当された佐藤道雄氏，途中から本書の編集を引き継ぎご担当いただいた編集部長中澤美穂氏，編集担当曽我翔太氏に感謝いたします。

編者を代表して
三本松政之

はじめに　**v**

目 次

はじめに　　iii

▽第1部　福祉について考える

序章　現代社会と福祉　　2

第1節　人口減少社会と生活課題　2
- ▼1．人口減少社会を生きる　2
- ▼2．消滅可能性都市の衝撃　3
- ▼3．社会的排除と無縁社会　5

第2節　社会問題への気づき　7
- ▼1．社会問題への無関心　7
- ▼2．ある日突然に……　8
- ▼3．バルネラブル（脆弱）な状況に置かれる人びと　9

第3節　当事者の視点とコミュニティ　11
- ▼1．制度の谷間の人びとのカミングアウト　11
- ▼2．連帯のためのコミュニティの形成　12

おわりに──持続する福祉社会に向けて　13

第1章 社会福祉のあゆみ　　15

第1節　17〜19世紀の福祉制度　　15
▼1．救貧法　15
▼2．レッセ・フェール　16
▼3．社会主義と社会保険　17
▼4．社会福祉の前身としての慈善事業　18

第2節　福祉国家への助走——20世紀前半の福祉制度　　18
▼1．社会的責任と社会保障　18
▼2．ケインズ革命　19

第3節　福祉国家の成立——第二次世界大戦後の福祉制度　　20
▼1．戦時計画　20
▼2．ベヴァリッジ報告　20
▼3．社会権　21

第4節　日本の福祉国家への道　　22
▼1．社会保障制度の整備　22
▼2．経済成長と経済的平等　23

第5節　経済成長の終えんと福祉国家批判　　23
▼1．政策の転換　23
▼2．日本型福祉社会　24
▼3．新自由主義　25

第6節　福祉国家の再編成　　25
▼1．個人責任重視への変化　26
▼2．高齢者の医療と介護　26
▼3．福祉国家から福祉社会へ　27

第2章 福祉と人権 ──ハンセン病を通して福祉を考える 28

第1節　社会が排除したハンセン病とその歴史　29
　▼1．ハンセン病に対する「隔離政策」の歩み　29
　▼2．こんにちのハンセン病療養所の姿　30

第2節　社会が奪った患者の尊厳ある生　32
　▼1．地域からの排除と療養所への隔離　32
　▼2．療養所での管理と抑圧された生活　33
　▼3．叶わなかった子どもを産み育てること　34

第3節　ハンセン病問題と社会福祉　35
　▼1．らい予防法廃止後の動きと
　　　ソーシャルワーカーの気づき　35
　▼2．ハンセン病問題における社会福祉のかかわり　36

第4節　これからの福祉と人権について考えるために　38
　▼1．当事者の声を聴く　38
　▼2．地域とつながる，歴史を継承する取り組み　39

おわりに　40

▽第Ⅱ部　社会福祉について知る
　　　　──援助のしくみと方法

第3章　こんにちの社会福祉の しくみ
42

第1節　社会福祉とは何か　42
▼1．広義の社会福祉　42
▼2．狭義の社会福祉　44
▼3．福祉の普遍化──社会福祉概念の変化　44

第2節　社会保険と公的扶助　45
▼1．社会保険の特徴　46
▼2．社会保険の種類　46
▼3．定型的事故　47
▼4．公的扶助の特徴　48
▼5．防貧と救貧　48

第3節　狭義の社会福祉　48
▼1．増え続ける児童虐待　49
▼2．福祉サービスの提供　50
▼3．社会福祉施設　50
▼4．社会福祉協議会　51
▼5．福祉専門職　51
▼6．福祉サービスの理念　52

第4節　社会福祉の費用と財政　53
▼1．社会保障給付費　53
▼2．社会保障財源　53
▼3．公費負担増大の意味するもの　54

目次　ix

第4章 家族と社会福祉　56

第1節　こんにちの家族の姿　56
▼1．家族および家族機能の変化　56
▼2．現代家族が抱える福祉的課題　59

第2節　家族と社会福祉の関係の変遷　61
▼1．1990年代以前　61
▼2．1990年代以降　62

第3節　「家族（依存）主義」を超えて　65

第5章 地域社会と福祉　67

第1節　地域社会の現状　67
▼1．地域社会とわたしたち　67
▼2．無縁社会とは　68
▼3．「弱者」に冷たい地域社会　69

第2節　新たなつながり　70
▼1．つながりとNPO・ボランティア　70
▼2．ボランティア元年とNPO法　71
▼3．NPO・協同組合　72

第3節　地域で生きることを支える　74
▼1．コミュニティ・ケア　74
▼2．地方自治体と地域福祉計画　75
▼3．地域包括ケアシステム　76

第4節　地域づくり　78
▼1．行方不明高齢者の問題を地域の問題に　78

▼2．コミュニティ・ソーシャルワーカー　79

▼3．地域再生　80

第6章　しょうがいのある人と生きること　82

第1節　"しょうがい"と"障害"は違うのか？──"当事者主権"の考え方　82

▼1．当事者の立場に立つこと　82

▼2．当事者運動──勝ち取られてきた権利　83

第2節　"しょうがい者"とは誰か──社会モデルを理解する　85

▼1．制度における「障害者」　85

▼2．「制度の谷間にある障害」　86

▼3．「医学モデル」から「社会モデル」へ　87

第3節　しょうがいのある人とその家族の暮らし　88

▼1．"親亡き後"問題とは　88

▼2．"親亡き後"問題の背景　90

▼3．家庭・施設から地域へ──しょうがいのある人の自立とは　90

第4節　しょうがいのある人とともにある社会へ　92

▼1．出生前診断の普及が示すもの　92

▼2．しょうがいのある人との日常　93

▼3．多様性を認め合える社会のために　94

第7章 高齢社会を生きること
96

第1節　高齢者とは？　96
▼1．高齢者の"分け方"　96
▼2．高齢者の方とのかかわりから
　　──「わからない」エピソード　97
▼3．"高齢"者とはどういう存在か？　98
▼4．「認知症」という病気　98

第2節　高齢社会とは？──高齢者を取り巻く状況　100
▼1．高齢社会の現状　100
▼2．家族を取り巻く状況と高齢者の生活状況の変化　100
▼3．生活上の困難を抱えること　103

第3節　高齢者を支える制度と専門職　104
▼1．介護保険制度　104
▼2．生活の場・ケアの場
　　──自宅で暮らす，地域で支える，施設で暮らす　106
▼3．高齢社会を支える専門職と市民　107
▼4．権利侵害の防止とケアの視点　108

第4節　わたしたちがこれからできること
　　　　──高齢社会を生きること　108
▼1．高齢社会における高齢者の権利　108
▼2．高齢社会──わたしたちにできること　109

第8章 過疎地域での暮らしと福祉の役割 111

第1節 「過疎地域」とはどこを指すのか　111
▼1．「過疎地域」はどこにあるのか　111
▼2．過疎地域と「僻地」「中山間地域」　112

第2節 過疎地域での生活　113
▼1．加速する高齢化・集落の小規模化　113
▼2．過疎地域での生活を支えてきたもの　114

第3節 過疎地域の福祉　117
▼1．過疎地域の行政サービス　117
▼2．過疎地域の福祉課題　117

第4節 過疎地域の取り組み　119
▼1．住み慣れた地域社会で暮らし続けたい
　　　──岐阜県高山市高根町「のくとい館」　119
▼2．移動と買い物支援──三重県 南 牟婁郡紀宝町　121

おわりに──持続可能な社会のために　124

第9章 外国につながる人の 生活と福祉 126

第1節 外国につながる人とは 126
- ▼1．イメージと現実の違い？——滞在の長期化 126
- ▼2．社会の状況 127

第2節 外国につながる人たちの生活支援ニーズ 128
- ▼1．日々の生活における多様なライフイベントの経験 128
- ▼2．不安定な就労による生活困難 129
- ▼3．ニーズ解消の困難さ——さまざまな壁 130

第3節 外国につながる人たちへの支援 132
- ▼1．外国人支援NPOとそのスタッフたちとの出会い 132
- ▼2．日本語支援から生活支援へ 133
- ▼3．支援の課題 134

第4節 多文化共生社会に向けて 135
- ▼1．多様性に配慮した支援へ 135
- ▼2．いつも「助けてもらう」存在なのか？ 135
- ▼3．地域で共に支え合う仲間として 136

▽第Ⅲ部　社会福祉を狙う人たち

第10章　社会福祉の現場で働く専門職

140

第1節　現場で何を行うのか？　140
- ▼1.「支持する」　141
- ▼2.「対決する」　141
- ▼3.「つなぐ」　142

第2節　どこで働くのか？　144
- ▼1. 対象にする人たちがいる"現場"と，"現場"によるしごとの違い　144
- ▼2.「施設」という現場，「家」という現場　145
- ▼3. 人間が生きる"現場"にすき間を作らないために　146

第3節　誰が，社会福祉の現場で働く専門職なのか？　147
- ▼1. 専門職とは？　147
- ▼2. 社会福祉のしごとと資格，そして"呼ばれ方"　148
- ▼3. 社会福祉の現場で働く専門職の特徴　150

第11章 ボランティア・NPO の果たす役割　153

第1節　福祉を担うボランティア　154
- ▼1．ボランティアとは　154
- ▼2．「してあげる」のではなく「ともに」　154
- ▼3．組織としてのボランティア　155

第2節　ボランティアを通じた他者とのつながり　156
- ▼1．重なり合う生活の場　156
- ▼2．「今」に向き合う　157
- ▼3．つながりの拡大　158
- ▼4．共同で成り立つ社会　159

第3節　ボランティアの姿をとらえる　159
- ▼1．ボランティアを始めるには　159
- ▼2．ボランティアの活躍する場　160
- ▼3．ボランティアが守るべきこと　161

第4節　ボランティア組織の活動　162
- ▼1．仲間と出会う　162
- ▼2．NPO法人への発展　163
- ▼3．いろいろな自発性　163

おわりに　164

索引　166

第Ⅰ部

福祉について考える

序 章

現代社会と福祉

はじめに

　本章では，こんにちの人口減少という社会状況を出発点に，その変化のなかでの諸課題と福祉とのかかわりについて考えてみます。日本は少子高齢化という人口構造の変化と人口それ自体の減少という時代を迎えています。人口減少社会では，人びとは生活の場面において新たな課題を経験をすることになります。たとえば，すでに「無縁社会」として知られるようになりましたが，生活の営みのなかで孤独死などが生じているように，人びとのつながりが希薄化するなかで社会福祉とかかわる課題が生まれています。このような身近な生活の場の変化と新たな経験に対してわたしたちは，どのようにして福祉社会を維持していくことができるのかということについて考えてみたいと思います。

第1節　人口減少社会と生活課題

▼1．人口減少社会を生きる

　国立社会保障・人口問題研究所の「日本の将来推計人口」によれば，2010年の日本の総人口は国勢調査では1億2,806万人でしたが，約40年後の2048年に9,913万人となり，1億人を割ると推計されています。0～14歳の年少人口の減少傾向について総人口に占める割合で見ると，2010年には13.1%だったのが2025年には11.0%となり，さらに2044年に10%台を割ります。また働き手の中核となる年齢層である15～64歳の生産年

2　第Ⅰ部　福祉について考える

齢人口は，2010年の63.8％から減少し2017年には60％台を割ります。30年後の2040年に53.9％となり，2060年には50.9％となります。

　一方で，高齢者である65歳以上の老年人口の占める割合は，2010年の23.0％から2013年には4人に1人を上回る25.1％となるとされています。3人に1人を上回るのが2035年で33.4％，また50年後の2060年には39.9％となり，2.5人に1人が老年人口となります。このように総人口が減少し，また人口構造は少子高齢化が進みます。

　日本の総人口の長期にわたっての減少傾向についてその動向を都道府県レベルで見てみましょう。同研究所の「日本の地域別将来推計人口——平成22（2010）〜52（2040）年」では，総人口が減少する都道府県は増加を続け，2010〜2015年では41道府県，2015〜2020年では沖縄県を除く46都道府県で総人口が減少し，さらに2020〜2025年では沖縄県の総人口も減少に転じ，すべての都道府県で総人口が減少します（**図序-1**）。また65歳以上人口が総人口に占める割合は，各都道府県とも今後一貫して増加し，2025年には40道府県で30％を超え，2040年に全都道府県で65歳以上人口割合が30％を超えるとされています。

　以上にみたように人口の減少が進行し，人口構造が変化することで社会のいろいろなしくみもその影響を受けます。人口減少の傾向には地域間の差もありますが，人びとの生活に直接・間接的に影響を及ぼします。このような変化は，家族形態の変化，不安定な働き方の増加などわたしたちの社会生活にも大きくかかわります。

▼2．消滅可能性都市の衝撃

　日本の将来の人口動向を踏まえて2014年5月に「日本創成会議」の人口減少問題検討分科会（座長・増田寛也元総務相）が，2040年には896市区町村が「消滅」するという衝撃的な試算を発表しました。増田（2014）によれば，人口の再生産の中心となる〈20〜39歳の女性人口〉に着目して，若年女性の流出なども踏まえ試算すると，2010〜2040年にかけての30年間で，〈20〜39歳の女性人口〉が5割以上減少する市区町村は373（全体

序章　現代社会と福祉　**3**

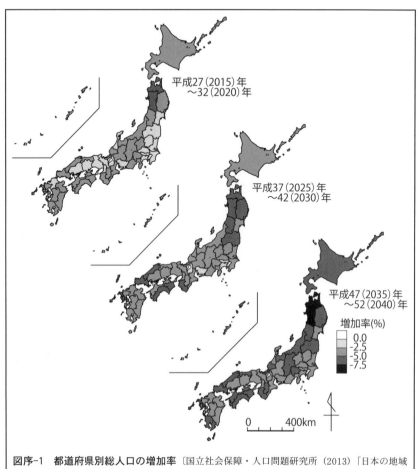

図序-1　都道府県別総人口の増加率〔国立社会保障・人口問題研究所（2013）「日本の地域別将来推計人口—平成22（2010）〜52（2040）年—」，46頁〕

の20.7%）となります。

　さらに，転勤や進学などによる地域間の社会的な人口の移動をこれに加味した推計では，2010〜2040年にかけての30年間に〈20〜39歳の女性人口〉が5割以下に減少する市区町村数は，全国の1,718市町村のうち896で全体の49.8%の市町村となります。この報告では，これら896の市町村を「消滅可能性都市」としました。消滅可能性都市のなかには地方の市町村だけで

はなく東京都の豊島区，大阪市大正区，浪速区，西成区，住之江区，中央区等が含まれていたため大きな衝撃をあたえました。

同書では「人口減少」について次のような 9 つの論点が示されています。

①本格的な人口減少は遠い将来の話ではなく，地方の多くはすでに高齢者を含めて人口が急減している
②日本の人口減少には，地方から大都市圏（特に東京圏）への人口移動が深くかかわっており，大都市には人口集中が進み，特に東京圏は最終的には人口減少に転じるが過密になる
③東京の人口の維持は地方からの流入によるもので，地方からの人口流入が無くなれば衰退する
④東京の今後の超高齢化に対して一極集中を改善する必要がある
⑤若年女性数が減少するため出生率が上昇しても，出生数は減少し続ける
⑥人口減少は避けられない事実であり，少子化対策は早ければ早いほど効果がある
⑦国民に「子どもを持ちたい」という希望は多く，少子化対策の効果は十分に期待できる
⑧晩婚化や若年層の所得問題なども含めた総合的な対策が必要である
⑨海外からの移民は，多民族国家に転換するほどの大胆な受け入れをしなければ，出生率をカバーする現実的な政策ではない

▼3．社会的排除と無縁社会

システム化が進行した社会では，人口減少はそのシステムのあり方に影響をもたらします。人口が減少することの影響として負のスパイラル（連鎖的な変動）に陥る危険性が内閣府の資料などで指摘されています。すなわち人口減少が地域経済を縮小し，縮小した地域経済が人口減少を加速するというものです。このことを生活面で考えてみます。それは特定地域での就業，教

序章　現代社会と福祉　**5**

育，居住，政治・地域への参加，移動や行政サービスの利用の困難などをもたらしその地域は「複合的多問題地域」となります。つまり，そこでは社会へのいろいろな参加の機会が奪われ，さらにそのことが生活困難を促進します。人口減少が進行する地域に居住する人びとは，しだいに社会の周縁に位置づけられ，参加の機会を剥奪された状態に陥ります。このように社会への参加の機会が奪われることを社会的排除といいます。それに抗するには社会的支援が必要となります。

「無縁社会」という言葉を耳にしたことがあると思います。この言葉は，現代という時代状況のもとで生じている排除の一側面を象徴する言葉として，2010年に放映されたNHKスペシャルで「無縁社会——"無縁死"3万2千人の衝撃」として用いられた用語です。番組の紹介サイトには「〈無縁社会〉はかつて日本社会を紡いできた〈地縁〉〈血縁〉といった地域や家族・親類との絆を失っていったのに加え，終身雇用が壊れ，会社との絆であった〈社縁〉までが失われたことによって生み出されていた。」と記されています。また，無縁社会の背景について，

①一人で暮らす人が急増する単身化の時代を迎えるという家族形態の変化
②終身雇用が崩れ，不安定な働き方が広がるという働き方の変化
③社会が便利になり信頼関係を築くことが不要となるというライフスタイル

という3つの変化を指摘しています。社会生活のなかでの人間関係の貧困は，貧困の固定化につながることがあります。

「格差社会」という言葉はもはや定着したようです。社会福祉学で貧困研究を行っている岩田正美（2008）は，格差の拡大によって急に貧困が多くなったとされているけれども，「豊かな日本」にも貧困はあり続けていたが，その存在に気づこうとしなかっただけであると指摘しています。そして岩田は，貧困の「再発見」は社会の誰にとっても「あってはならない」状態を明

確にしていくプロセスであるといいます。それはわたしたちすべてにとって生きやすい社会の条件を「発見」していくことにつながるのだと述べています。

　路上で暮らす人たちの支援を行い，2008年にリーマンショックが起こり非正規雇用の人びとの派遣切りが話題になるなか，年末に日比谷公園で「年越し派遣村」を作るなどの活動をしてきた湯浅誠（2008）は，貧困を決めるものは収入だけではなく，そこには5重の排除があると指摘しています。

①教育課程（学校教育システム）からの排除
②企業福祉（正規雇用システム）からの排除
③家族福祉（家族による支え合い）からの排除
④公的福祉（生活保護など）からの排除
⑤自分自身からの排除

　これらの5つの排除が重なることで，人は生活に困窮したり，貧困に陥ったりするのです。

第2節　社会問題への気づき

▼1．社会問題への無関心

　社会福祉を大学で学ぶ学生たちの多くは，社会福祉を勉強していると言うと「えらいね」という反応が返ってくることを経験しています。なぜ社会福祉を学ぶ学生たちは「えらいね」と言われるのでしょうか。素直に受け止めれば，他人のために頑張って「えらいね」ということかもしれません。でも，その裏側には「私にはやれないけれど……」という，言った人の思いが伝わってくるように思います。皆さんはどうですか。社会福祉にかかわることは他人事ではないでしょうか？　またその他人事と感じる背景には，自分は今は困っていないし，たぶんこれからも大丈夫，「福祉のお世話にはならない」

序章　現代社会と福祉　**7**

という思いがあるのではないでしょうか。

　わたしたちは，一般によく知られているような社会問題に対しては関心を示しても，それらの出来事は，自分とは別の次元の，あるいは遠いところでの出来事と感じがちです。わたしたちのこのような関心の持ち方が，ふだんの生活のなかで社会的排除を生み出すことと関係しているようです。それはこのような関心のあり方には，切実さという感覚が欠如しているからです。「排除」という言葉の響きからは，かなり強い行為の印象を受けると思います。ここでの排除とは，社会的生活における参加の機会からさまざまな形で遠ざけられている状態を意味しています。このような意味での排除を社会的排除といいますが，ときには意識しないふるまいとして，気づきのない社会的排除に加担していることも考えられます。

　わたしたちは，何らかの対処が必要とされることが明らかな，当事者にとっては切実さを伴う問題であっても，現状において対応の方法を見出すのが難しいとき，それこそが何もしないことの理由となり「仕方のない他人事」として棚上げにしてしまいがちです。

▼2．ある日突然に……

　大野更紗さんというビルマ難民を研究していた大学院生が書いた『困ってるひと』という本があります。ある日とつぜん日本ではほとんど前例のない，稀な原因不明の難病を発症した著者が，自らを「難民」とみなして描き出したエッセイです。非常に深刻な状況に置かれているにもかかわらず，その状況をユーモラスを交えて描き出している筆力には驚かされます。ここではその詳細を紹介することはできないので，ぜひ一読していただきたいと思います。彼女は退院し一人暮らしを計画します。次のように記しています。「闘病するだけで病人が生きていけると思ったら，大間違いだ。問題は，この身体で一人で〈生活する〉ということに，具体的にどのような困難がつきまとうのかということだ。わたしの世界は，天変地異の如くに変わったのだ」。さらに彼女は「現代日本において，窮地に陥ったわたしのような難病患者が〈どうやって生きていけるのか〉の問いに対する処方箋は，皆無なのだ」と記し

8　第Ⅰ部　福祉について考える

ています。そして「まあとにかく，難民を支援したり研究したりしていたら，自分が本物の難民になってしまったわけだ」とし，「困ってるひと」なのだと述べています。このことは，いったいどのような意味なのでしょうか。

　社会福祉は他人事と思った人のなかにも，これまでの学校での勉強を通して日本は「福祉国家」だから困ったときには，国が助けてくれるので大丈夫と考えたことのある人がいるのではないでしょうか。では，なぜ稀な原因不明の難病を発症したにもかかわらず，彼女は自らを「難民」として位置づけなければならなかったのでしょう。

　彼女は研究対象としていた「難民」が頼っていたものは何だったかを問い，それは「国家」「社会」「制度」だと考えます。「特定の誰かではなく，システムそのもの」だと気づきます。そして「ひとが，最終的に頼れるもの，それは，〈社会〉の公的な制度しかないんだ。わたしは，〈社会〉と向き合うしかない。わたし自身が，〈社会〉と格闘して生存していく術を切り開くしかない。難病女子はその事実に愕然とした。だが，その肝心の日本の社会福祉制度は，複雑怪奇な〈モンスター〉である」と記しています。ここで複雑怪奇と記しているものは，社会福祉制度を利用するための複雑な手続きと申請のための膨大な書類が必要なことなどです。

　一人でモンスターと闘うことに絶望しそうになった彼女ですが，区から派遣されたケースワーカーらの支援を得てひとまずは必要な手続きを終えることができます。彼女は「在宅生活を実現させるためには，助けが必要だ。特定の誰かの不安定な，持続不可能な助けではなく，持続可能な〈制度〉の助けが。」と記しています。

▼3. バルネラブル（脆弱）な状況に置かれる人びと

　2000年の旧厚生省社会・援護局長の諮問機関による「社会的な援護を要する人びとに対する社会福祉のあり方に関する検討会」報告書でも，社会福祉制度の充実にもかかわらず，社会や社会福祉の手が社会的援護を要する人びとに届いていない事例が散見されるとします。そして現代社会において人びとの「つながり」が社会福祉によって作り出されるということを認識し，「人

序章　現代社会と福祉　**9**

びとの〈つながり〉の構築を通じて偏見・差別を克服するなど人間の関係性を重視するところに，社会福祉の役割がある」と述べています。

社会的にその実態があまり知られていない難病患者や，外国から来て日本で働く外国人労働者など社会的な見えない境界線上に位置することで不利益を被り，社会的に傷つきやすいという意味でのバルネラブル（vulnerable）な状況に置かれる人びとがいるということにも注意が必要です。社会的な生活支援のニーズを持つにもかかわらず「無援」状態におかれ社会から孤立する可能性があるからです。

マイノリティ・グループ（少数者集団）とは社会的に不平等，不公平な立場に置かれ，不利益を受けやすい人びとの集団であり，非正規滞在者や結婚移住女性などの外国人移住生活者，セクシャル・マイノリティ（性的少数者）などがそれにあたります。また人口減少社会は，性，年齢，エスニシティ（ある集団を行動様式，文化的価値や規範などにより他の集団と区別する特性のこと）等の個人の属性にかかわり，それぞれの個人のもつ特徴を顕在化させる社会でもあると考えられます。マイノリティ・グループの人権と支援とのかかわりについて考えてみましょう。

木原（2014）は「権利意識が明確な社会にあって，それを支援するしくみとしての社会福祉は，ヒューマン・ライツと一体となって，ごく日常生活にとけこんだものとなり，何も特殊な領域ではないのである」と述べています。木原は日本の「人権」に対して，カナダでの体験を通したヒューマン・ライツ（human rights）というものは「それほど道徳的な響きはなく，もっと身近で，自分の生き方そのものに直結し，また自分の損得にかかわる事柄であり，常に開かれていて，生活感と躍動感があり，日常茶飯事にどこにでも転がっている〈何か〉というニュアンスがある」と述べています。そこには権利意識という点で，日本社会と欧米社会での権利の位置づけとの違いがあるからだとし，欧米的な権利主張は契約社会のなかで「生きるうえでの指針の基本となり，社会正義の根拠となっているものである」とします。このような意味での人権意識の高まりは社会における差別事象への認識を高め，新たな課題提起へとつながります。

いまだ社会福祉の問題としては認識されていない社会的バルネラブルクラ

スの問題は，生きるうえでの指針の基本と社会正義の根拠にもとづいた実践により，どのような解決が可能かということを問いかけます。つまり，新たな課題を抱えた人びとの問題の認識を，どのような人びとや機関，組織が，どのように共有しうるのかということです。

第3節　当事者の視点とコミュニティ

▼1．制度の谷間の人びとのカミングアウト

　マイノリティ・グループが，日々の生活を送るなかで生じる生活課題や困難は，マイノリティ（少数者）であることによって当事者以外には認識されにくく，したがって顕在化しにくいという現実があります。つまりそれらの課題は社会的なマジョリティ（多数者）には共有されにくい課題となります。マイノリティ・グループの生活権を拡充していくためには，当事者自身が自ら当事者としてのニーズを認識し，当事者自身の自己変革を図り，カミングアウトなどを通してその課題に立ち向かい，能動的に取り組むことによって，社会における価値認識の変容を戦略的に図ることも必要です。マイノリティ・グループが生活を営んでいくうえでの支援の必要性を社会的に共有するためには，課題を当事者自らが問題提起することで，気づきのない人たちにも見えるように可視化することができるかどうかが大きく影響します。しかし，カミングアウトすることにはリスクも伴います。

　北海道浦河町には「べてるの家」として知られる当事者たちの活動の場があります。かれらは1984年に精神しょうがい等を抱えた当事者たちによる共同生活を始めます。「べてるの家」の実践は，生活共同体，働く場としての共同体，ケアの共同体という3つの性格を有する当事者コミュニティの例と考えられます。そのホームページでは「べてるの家の歩みは，さまざまな悪条件を好条件とし活かしてきた歴史から生まれたものです。社会的な支援体制の乏しさや地域経済の弱体化が，精神障がいを抱えながら生きようとする当事者自身の生きづらさと重なり合ったとき，〈地域のために，日高昆布を全国に売ろう〉という起業の動機」につながったと記されています。

序章　現代社会と福祉　**11**

かれらには「病気」「障害」という課題とともに社会からの誤解・偏見という問題がありました。しかしかれらは，テレビなどにも実名で顔を出して活動を行ってきました。かれらとともにその活動を支えてきたソーシャルワーカーの向谷地生良さん（2006）は「病気を抱えた当事者自身も，地域の抱える課題に対して，一人の町民として，また病気や障害を体験した一人の当事者として，保護されるばかりではなく役割を持ち，貢献できる機会や場を作り出すことが大切」であると書いています。その際に重要なことは「弱さの情報公開」で，「弱さ」という情報は，公開されることで人をつなぎ，助け合いをその場にもたらすとします。その根底には「一人ひとりが持つ無力さ，専門家の無力，家族の無力，当事者の無力，これがうまくつながり合ったときに，大きな力が生まれる」という非援助論の根底をなす考え方があるのです。

　このような場における支援は，支援者が一方的に与えるものではなく「ともに生きていく」という観点が重要になります。当事者どうしが相互支援する場です。マイノリティ・グループが自分たちの親密な組織を作ることは，自らの権利を高めることと普遍的な人権を考えることにもつながります。

▼2．連帯のためのコミュニティの形成

　生活課題の解決の担い手を考えるとき「いま，ここ」にある課題の解決に追われます。諸課題への対処にあっては「生活者＝市民の生活の共同関係のなかに主体的・自発的に生み出された生活問題解決の方策」（＝「生活福祉」，朝倉，2002)によらざるを得ない現実があります。2007年に厚生労働省社会・援護局長のもとに「これからの地域福祉のあり方に関する研究会」が設置されました。この研究会の目的は，地域社会で支援を求めている者に住民が気づき，住民相互で支援活動を行うなどの地域住民のつながりを再構築し，支え合う体制を実現するための方策を検討することにありました。

　高齢の人びとができる限り住み慣れた地域や家庭で生活を送れるよう，地域で支えるしくみの構築が求められています。しかし，少子高齢化が進んでいるなかで，地域においてあらゆるニーズをすべて，公的なサービスでカバー

するには限界があります。特に「制度の外にある生活ニーズへの対応」「制度の谷間にある者への対応」「〈孤独〉への対応」「制度から排除された者を社会としていかに受け入れるかというソーシャル・インクルージョンの問題」などは，地域で受け止め，対応していくことが必要であるとしています。ここにみるように社会福祉の対象にたいする政策的な認識においても，すでにみてきたような「気づきのない排除」に対応していくことの必要性という視点がみられます。

　マイノリティ・グループの人たちが自分たちの置かれている状況や課題を社会の人びとに伝えるためにはそのための場（＝コミュニティ）が必要です。すなわち当事者の持つ課題についての認識を共有するためには，当事者を含む多様な属性を持つ人びとが，互いに排除することなくつながるコミュニティが作られる必要があります。

　自分とは違う状況にある人びととの協働をもとにした生活の場でのコミュニティの構築は，マイノリティ・グループとして暮らす人びとの生活課題がどのようなものであるかを共有することから始まります。そしてコミュニティのメンバーによる課題の解決のための試みとして，行政などの諸機関への働きかけや協働も含めた諸活動を通じ，生活課題を公共課題化し，制度の改善や新たな制度化への働きかけが行われます。それは人権認識に根ざして提起されるマイノリティ・グループの抱える課題を社会的に共有していくための過程となります。福祉社会を維持し，新たな課題に取り組んでいくためには，マイノリティ・グループを含めたさまざまな人びとが，そのような過程に参加できるように保証していくことが大切です。

おわりに——持続する福祉社会に向けて

　福祉は，人びとが人間らしく生きるための生活の営みを支える役割を担うものです。そうした役割は国が果たすべき役割として考えられがちですが，その役割を担うのは国だけではなく，自発的に支援活動を行うボランティアやNPO（非営利組織）などが担うことで，福祉社会は維持されていきます。

　ボランティアは，人びとの「生」への切実な思いに気づき，それに応えて

序章　現代社会と福祉　**13**

個々人の生活の営みを支える，その1つのあり方として現代社会のなかに位置づく存在です。福祉社会の新たな課題への取り組みは，気づきをきっかけとした活動をもとにして，現状の改善や新たな制度化を図っていきます。

　たとえば日本には200万人を超える外国につながる人たちが生活をしています。このなかにはニューカマーといわれる，南米から出稼ぎにきて，日本での不安な定住生活を営んでいる日系外国人労働者の人びとがいます。外国人労働者の集住している地域では，かれらの生活にかかわる相談などの支援が少しずつ整備されてきています。しかし，いまだに社会福祉専門職のかかわりは少なく，派遣・業務請負業者，役所，病院などの通訳などに加えて，外国人労働者やその家族たちとの日々の出会いのなかでかかわりをもった地域の人びとが，当事者であるかれらと手探りをしながら，入手し蓄積した情報や経験をもとに課題の解決を行っています。弱まりつつある地域社会ですが，地域での課題解決に向けたまとまりが形づくられると，それは他の問題解決の糸口になることがあります。

　このような諸活動の実践が，地域住民の意識を変え，ボランティアなどの集団・組織を担い手として，生活課題に対応していくための連帯の場，社会的空間としての福祉コミュニティを創出し，福祉社会の新たな課題への取り組みにつながっていくのです。

文　献

朝倉美江（2002）『生活福祉と生活協同組合福祉——福祉NPOの可能性』同時代社

岩田正美（2008）『現代の貧困——ワーキングプア／ホームレス／生活保護』有斐閣

木原活信（2014）『社会福祉と人権』ミネルヴァ書房

国立社会保障・人口問題研究所（2013）「日本の地域別将来推計人口—平成22（2010）〜52（2040）年—」

増田寛也（2014）『地方消滅——東京一極集中が招く人口急減』中央公論新社

向谷地生良・浦河べてるの家（2006）『安心して絶望できる人生』NHK出版

大野更紗（2012）『困ってるひと』ポプラ社

湯浅誠（2008）『反貧困——「すべり台社会」からの脱出』岩波書店

第1章
社会福祉のあゆみ

はじめに

　社会福祉のあゆみとして，古くから行われている相互扶助，宗教的活動や時の支配者による慈恵的施策，また近代以降の慈善・博愛，公的扶助や社会保険などの社会保障制度について，それぞれの歴史をたどるとすると，この章には収まりきれません。そこで，封建制がくずれ資本主義化が始まったことで，自分の労働力の他に頼るものがない労働者が多数生み出された，近代以降の公的な福祉制度に的を絞ることにしました。

第1節　17〜19世紀の福祉制度

▼1. 救貧法

　貧困の救済という意味での福祉制度は古く，イギリスで1601年に制定されたエリザベス救貧法以来の長い歴史があります。当時，羊毛のための囲い込みによって農地を追い出され，放浪の末に貧窮する人びとが増えていたという背景があります。その法は，それ以前に存在した貧困者の取り扱いに関する各種の法制を集大成したもので，教区を単位として救貧税を徴収し，首長に相当する治安判事が貧民監督官に命じて運営するというものでした。貧困な子弟を徒弟奉公に出すこと，強壮な貧民を就労させること，労働不能者を救貧院で保護することなどが規定されていました。

　18世紀末の産業革命による工業の発展で，農村から都会への人口移動が激しくなると，貧困者の人口移動を禁ずる定住法という制度も設けられはし

第1章　社会福祉のあゆみ　**15**

ましたが，時代の流れにさからうことはできず，人口受け入れ側の教区の救貧財政が悪化しました。教区はそのほとんどが小さな人口規模であり，それを単位とした方策では対応できなくなってきたので，1834年に救貧法は改正（新救貧法）され，中央に救貧法委員会という役所を設けて行政機構の統一を図り，救貧事業への国家の関与が増大することになりました。

しかし，この改正によって行政機構の整備が進展した反面，救済の内容は厳格化されました。在宅のまま現金を給付する院外救助を禁止し，ワークハウスに入所しなければ保護しないという院内救助原則，また，保護の水準は最低の賃金で働いている人の生活水準より低くするという劣等処遇の原則が導入されたのです。ワークハウスは救貧院と訳されることも労役場と訳されることもありますが，そこでの処遇は過酷なもので，そうした処遇に甘んじない限り保護をしないという，貧困への罰と受け取れる方策でした。

▼2. レッセ・フェール

当時の社会経済思想は，経済活動は自由に行わせるべきで国家がこれにみだりに介入すべきでない，という自由放任主義（レッセ・フェール）でした。国家の役割は国防や法と秩序の維持に限定されるべきだ，という夜警国家の考え方が支配的でしたから，救貧制度は，貧困者の取締りを行う治安維持対策としての意味をもっていたのです。

レッセ・フェールの語源はフランス語で，自由に行動させるという意味があります。アダム・スミスの『国富論』（1776年）における，経済は自由な競争にまかせることで「神の見えざる手」に導かれて調和するという学説は，自由放任主義の思想によって体系化されたものです。また，マルサスという経済学者は18世紀の終わり頃に発表した『人口論』（1798年）という著作で，食糧の増加速度（算術級数的）に比べて人口の増加速度（幾何級数的）がはるかに速く，食糧が不足するので人口は抑制されるべきであり，貧困者の保護はそれに反することだ，と主張して大きな影響力をもっていました。

日本では，幕藩体制が終わり，明治国家となって7年目の1874年に恤救規則という救貧制度ができました。この規則の前文には，貧困者の救済

は本来，血縁者や地縁者の相互扶助として行うべきで国家が関与するものではないが，誰を頼ることもできず放置するに忍びない者に限って救済する，ということが記されていました。お恵みとして救済するという意味で慈恵施策とよばれるように，人権思想にもとづかない方策でした。

▼3．社会主義と社会保険

今日の社会保障制度の根幹部分に位置する社会保険の前身は共済組合です。イギリスでは友愛組合法（1796年）の制定により数多くの組合が組織されていました。19世紀半ばには熟練労働者を主体とした職業別労働組合が発展し，その共済制度として普及したものです。組合員の拠出金から，疾病，障害，死亡，出産，火災などの際に組合員や家族に対して給付を行う保険組織でした。日本では，1888年に設立された阿仁鉱山共済組合が社会保険の先駆形態とされています。

産業革命後の労働者の生活は悲惨であり，労働者の待遇改善，工場法制定の運動と合わせて，新しい社会秩序を樹立しようとする社会主義の思想が生まれました。マルクスとエンゲルスの『共産党宣言』（1848年）に要約されるマルクス主義では，資本主義体制の没落は歴史の必然であるとする経済学説のもと，労働者階級の政権獲得，国際的団結による社会主義社会の実現が唱えられたのです。イギリスでは，社会改良主義と呼ばれる，革命ではなく議会を通じた漸進的な改良によって社会主義社会を目指すべきと主張する，非マルクス主義的な社会主義団体であるフェビアン協会（1884年）が誕生しました。この協会の中心メンバーとして，ウェッブ夫妻（シドニーとベアトリス）が多くの提言を行い，社会福祉の発達に貢献しました。

社会主義運動はドイツでも盛んであり，1871年にドイツ帝国が成立すると宰相に就任したビスマルクは，社会主義者鎮圧法（1878年）を制定して社会民主党を弾圧しましたが，その反面，世界で最初の社会保険制度として疾病保険（1883年），災害保険（1884年），廃疾老齢保険（1889年）を成立させました。労働者に対する「アメとムチ」の政策といわれていますが，労働運動の成果としての社会保険とみることもできるでしょう。

第1章　社会福祉のあゆみ　**17**

▼4．社会福祉の前身としての慈善事業

　すでに述べた救貧法の改正によって，公的救済が引き締められたイギリスでは，博愛主義による民間のさまざまな慈善事業が活発に，しかし，無秩序に行われるようになりました。そこで，こうした慈善事業の組織化を目指し，1869年にロンドン慈善組織協会（COS）が設立されました。この組織はアメリカにも導入され，ニューヨーク州バッファロー市に1877年に設立されたのを皮切りに急速に普及しました。

　COSは，貧困者への友愛訪問活動も行いました。これはやがて，ソーシャル・ケースワークという専門的援助技術に発展しました。また，慈善のための寄付がさまざまな団体から同じ人に対して何度も繰り返し求められることのないように，慈善諸団体の連絡・調整を進める事業も発展し，後にコミュニティ・オーガニゼーションと呼ばれるようになりました。さらに同じ頃始まったセツルメント運動では，セツルメント・ハウスで労働者や貧困者とともに居住し，ともに経験することを重視することで，社会改良あるいは社会立法を目指した活動を展開するようになりました。

第2節　福祉国家への助走──20世紀前半の福祉制度

▼1．社会的責任と社会保障

　イギリスでは，1906年に自由党が政権につき，リベラル・リフォームと呼ばれる数々の改革が行われました。1908年には老齢年金法，11年には健康保険と失業保険を内容とする国民保険制度が成立しました。ドイツに目を転じると，第一次世界大戦末の11月革命（1918年）によりドイツ共和国（ワイマル共和国）が成立すると，共和国憲法において社会権という文言が世界で初めて盛り込まれました。

　こうした発展の背後には，自由権，参政権に続いて社会権の獲得を目指す運動があったことと，世紀転換期にイギリスで行われた科学的貧困調査も大

18　第Ⅰ部　福祉について考える

きく影響しました。ブースのロンドン調査（1886年）やラウントリーのヨーク調査（1899年）によって，人口の3割に及ぶ貧困層の存在が明らかにされましたが，貧困の原因はおもに低賃金，不安定就業，失業などの雇用問題や病気であり，個人の怠惰によるものはわずかでしかないことが分析されたのです。これによって，貧困が個人の悪徳ではなく，社会の問題であることの認識が進み，20世紀半ば以降に展開する福祉国家の条件がしだいに整えられていったのです。

　アメリカはイギリスの植民地として出発した関係から，本国の救貧法と同じ制度を長らく続けていましたが，1929年にニューヨーク発の大恐慌により大量の失業が発生し，従来の救貧制度では失業者救済が間に合わなくなり，その対応策として公的扶助と社会保険を組み合わせた社会保障法（1935年）という法律が制定されました。これは，世界で最初に社会保障という言葉を公的に用いたものとして知られています。続いて38年にはニュージーランドでも社会保障法が成立し，しだいに世界に普及する兆しが現れていましたが，翌年には第二次世界大戦が勃発したのです。

▼2．ケインズ革命

　不況が定期的に訪れる資本主義経済の現実を前にすると，国は経済運営に干渉や介入をしてはいけないという自由放任主義は正しい理論であるのか疑問がもたれるようになりました。アメリカはルーズベルト大統領のもとでニューディール政策という大規模な公共事業を行って，大恐慌後の混乱を安定に導きました。公的資金を積極的に使って投資機会や雇用機会を作り出す一方で，社会保障制度によって失業者には手当を給付し，国全体として投資や消費の需要を増加させることで景気回復を達成したのです。

　イギリスの経済学者ケインズが著した『雇用・利子および貨幣の一般理論』（1936年）では，自由放任主義を唱える古典派経済学の市場万能主義に挑戦し，国家による総需要管理の必要性が説かれ，アメリカの経験が理論的に裏づけられました。それまでの古典派経済学では，需要と供給の不一致は市場メカニズムを通じて価格が上下することによって調整されるので，これにみ

だりに介入すればかえって不安定を招くとされていました。しかし，現実に企業が倒産し大量の失業が出るのは需要が不足するからであり，不況を回避するためには需要を拡大し，それによって供給が増え，操業度が上がって企業の経営は好転し，失業も解消され完全雇用に向かう，という有効需要の原理を唱えたのです。有効需要を作り出すには政府の役割が大きく，国全体の総需要が不足するときには公共事業の拡大，金融緩和などの財政・金融政策を行うようになったのです。

第3節　福祉国家の成立──第二次世界大戦後の福祉制度

▼1．戦時計画

　第二次世界大戦が終わると，戦争の惨禍を受けた国々が新たに再出発をするときに，国家の目標，社会再建の目標として福祉国家が目指されました。実は，福祉国家への道は戦争終結前から準備されていました。1941年8月，イギリスのチャーチル首相とアメリカのルーズベルト大統領が大西洋上（ニューファンドランド島沖）で会見し，この戦争に対する基本方針として宣言した大西洋憲章には，労働条件・経済生活の改善，社会保障のための国際協力があげられていました。国際労働機関（ILO）も，第25回総会で「大西洋憲章の支持に関する決議」を採択し，第26回総会（1944年）では社会保障の充実は厳粛な義務であるとする「フィラデルフィア宣言」を採択しました。そして，1945年7月にアメリカ，イギリス，中国の三国代表が対日戦争終結条件を発表したポツダム宣言では，民主主義の復活強化，言論・思想・宗教の自由，基本的人権の確立があげられていました。

▼2．ベヴァリッジ報告

　イギリスでは戦時中の1941年に，戦後の社会再建のデザインを描くため，ベヴァリッジを委員長とする「社会保険および関連サービスに関する関係各省委員会」を設置し，その報告書が42年に発表されました。通称，ベヴァリッ

20　第Ⅰ部　福祉について考える

ジ・レポートとよばれるこの報告書は，いわゆる「ゆりかごから墓場まで」
の社会保障計画によるナショナル・ミニマムの保障を打ち出しました。ナショ
ナル・ミニマムという概念は19世紀末にウェッブ夫妻が表明していたもの
ですが，ベヴァリッジの場合は，労働者を対象とした最低基準という範囲を
超えて国民全員を対象とする普遍的な概念として示した点で，時代を画する
ものでした。戦争終結後，この計画はただちに実施に移され，世界の模範と
なる福祉国家の諸制度が48年までに成立しました。

　スウェーデンは戦前から社会民主党の政権が続いており，福祉政策に積極
的であり，大戦中は中立政策をとってきたことから戦後経済は良好でした。
46年に「新国民年金法」，47年に「児童手当制度」，48年に「家賃補助制度」
を導入するなど，戦後の福祉国家への滑り出しは順調でした。

　アメリカでは，60年代になって貧困問題への関心が高まりました。ジョン
ソン政権は「貧困との戦い」と呼ばれる諸改革に取り組み，1965年に高齢者
を対象とする医療保険制度であるメディケアと貧困者への医療扶助制度であ
るメディケイド，また，貧困家庭の子どもの早期教育であるヘッドスタート
制度や低所得世帯への食糧援助としてフードスタンプ制度が設けられました。

▼3．社会権

　第二次世界大戦後，それまでの国際連盟に代わって国際連合が組織され，
第3回総会（1948年）で，戦争のもたらした惨禍に対する厳しい批判と反
省のうえに立って，平和と人権保障を希求することを宣言した「世界人権宣
言」が採択されました。その22条には，「すべて人は，社会の一員として，
社会保障を受ける権利を有し，かつ，国家的努力及び国際的協力により，ま
た，各国の組織及び資源に応じて，自己の尊厳と自己の人格の自由な発展と
に欠くことのできない経済的，社会的及び文化的権利を実現する権利を有す
る」と規定されているように，世界各国が目指すべきものとして社会権の確
立が謳われました。

　日本では，1946年に制定された日本国憲法第25条において，「すべて国
民は健康で文化的な最低限度の生活を営む権利を有する」と，社会権の一種

である生存権が明文化されました。

第4節　日本の福祉国家への道

▼1．社会保障制度の整備

　第二次世界大戦後の日本は，アメリカを中心とする連合国の占領下におかれ，その指導のもとに軍国主義解体と民主化政策が進められ，また，日本国憲法25条の生存権規定にもとづく社会保障制度の整備が始まりました。

　所得保障面では1946年に生活保護法が制定され最底辺の生活困窮者に包括的に対応する制度ができていましたが，日本国憲法の制定後に，生存権保障の国家責任を明確化するために50年に全面改正がなされました。いっぽう，所得の喪失や減少につながりやすい老齢，障害，死亡（遺族）などの定型的事故への対応策である公的年金がしだいに適用対象を広げて，1959年には自営業者や無業者などを対象とする国民年金制度が創設され，全国民を対象とするようになりました。労働者災害補償保険や失業保険（現・雇用保険）のほか，低所得母子世帯や障害児のいる世帯などへの手当制度も設けられました。

　医療保険制度は，公務員や会社員や団体職員などの被用者を対象とした各種健康保険に加えて，国民健康保険法の改正（1958年）により自営業者や無業者などが強制加入となり，全国民をカバーするようになり，国民皆保険・皆年金体制が実現しました。

　また，1947年の児童福祉法から64年の母子福祉法にかけて児童，障害者，老人の個別的生活問題に対応する5本の福祉法が成立しました。

　こうして，社会保険（年金保険，医療保険，労働者災害補償保険，失業保険のちに雇用保険），公的扶助（生活保護），社会福祉および公衆衛生・医療の4つの柱からなる社会保障制度体系が成立したのは1960年代の半ばのことでした。これよりやや遅れて71年に児童手当法が公布されました。

22　第I部　福祉について考える

▼2．経済成長と経済的平等

　戦後処理がひとまず終わり経済成長に向かう頃になると，日本は西欧諸国を手本とした福祉国家を目標に掲げるようになりました。1960年の「所得倍増計画」は日本の高度経済成長を象徴する経済計画ですが，このなかで，「社会保障の充実と向上が，近代福祉国家の義務であって，この面に目を開かない限り，福祉国家への道はありえない」と記されています。しばらく後に作成された「経済社会基本計画」（1973年）では，「所得分配の公平化」を含む「国民福祉に結びついた経済社会の発展パターン」の追求が国家目標とされています。貧困の解消や生活の安定という課題から一歩踏み込んで，所得の公平化という目標が掲げられたのです。

　所得分配の公平化とは，大金持ちがわずかにいて貧しい人がたくさんいるという状態ではなく，みなが平均値に近い所得を持つようになることを意味します。そのためには，高所得者ほどより高い税率で徴収する累進課税を行い，その税収を社会保障制度を通じて所得の低い方に手厚くなるように再分配する，垂直的再分配の政策を積極的に行うように制度をつくる必要があります。この計画を受けて73年に作成された「社会保障長期計画」では，「成長から福祉へ」というスローガンが掲げられており，この年は福祉元年と呼ばれました。具体的には，厚生年金や国民年金の給付額のアップや物価スライド・賃金スライド制（物価上昇や賃金上昇に応じて給付を上げる）導入，健康保険の自己負担割合の引下げや一定額以上は自己負担を求めないとする高額療養費制度の導入，70歳以上高齢者の医療費無料化などさまざまな制度の改善が行われました。

第5節　経済成長の終えんと福祉国家批判

▼1．政策の転換

　しかし，1973年の秋に勃発した第四次中東戦争をきっかけに発生した石

油危機によって，政策転換が起こりました。産油国が原油価格を4倍に値上げしたのです。経済活動の源であるエネルギーの値上げは生産コストの上昇，ひいては物価上昇をもたらしました。不況でありながらインフレーションが続くスタグフレーションが起こり，経済成長が止まり，税収は減少し財政赤字が拡大したのです。日本政府が，所得分配の公平化という新たな福祉国家目標に踏み出して「福祉元年」と宣言した年に石油危機が起こったことは歴史の皮肉と言わざるを得ませんが，これは日本だけに打撃を与えたわけではなく，石油にもとづくエネルギーで経済活動をしているすべての国，とくに先進国において，同じような事態が起こりました。それまでの成長神話が崩壊し，経済を支える基本条件が変化してしまったのです。

　その影響で税収が減り，財政難が襲いかかりました。そのため，一転して，福祉国家批判という，まるで反対の方向に政府の姿勢が転換し始めたのです。1981年の『経済白書』で，「今日，おしなべて世界の先進国は第二次大戦後進められてきた〈福祉国家〉の再検討を迫られている」と述べられたことは，その例といえましょう。さらに続けて，「顧みれば，〈福祉国家の建設〉は，自由主義経済社会にとって革新的試みであった。今日でも，この方向自体に根本的疑問をさしはさむ人びとは多くないと考えてよい。しかし，それが経済社会の効率性を低下させ，〈福祉国家〉の根底たる活力を失わせるようになってきてはいないかという点が問題」だといわれ，福祉国家批判が開始されたのです。

▼2．日本型福祉社会

　1979年には，国の計画として「新経済社会七カ年計画」（1979年）が策定されました。ここでは，「日本型福祉社会」という提案が行われ，有名な言葉になりました。少し引用すると，「欧米先進国へキャッチアップした我が国の経済社会の今後の方向としては，先進国に範を求め続けるのではなく，このような新しい国家社会を背景として，個人の自助努力と家庭や近隣，地域社会等の連帯を基礎としつつ，効率のよい政府が適正な公的福祉を重点的に保障するという自由経済社会のもつ創造的活力を原動力とした我が国独自

の道を選択創出する，いわば日本型とも言うべき新しい福祉社会の実現を目指すものでなければならない」ということが書かれています。ヨーロッパ諸国は見習うべき手本ではなくなり，日本のもっている家族の助け合いなどの美風を活用した福祉社会を築くべきだ，と述べたのです。

　1980年代になると，「増税なき財政再建」という政府の目標が選択されました。70年前後には華々しく福祉国家を謳っていたのが，80年前後には急転直下，方針転換がなされたという印象をもたざるをえない変化でした。

▼3. 新自由主義

　1980年前後から，イギリスのサッチャー政権（1979年），アメリカのレーガン政権（1980年）そして日本の中曽根政権（1982年）など，公共部門の縮小（小さな政府）を目指す政権が相次いで成立しました。これらの政権が拠って立つイデオロギーは新自由主義ないし新保守主義と呼ばれています。この思想の背景には，自由な市場が資源の合理的配分をもたらすという考え方を基礎とした新古典派経済学の流れをくむ諸経済学説の出現があります。その代表的経済学者としてアメリカのフリードマンが挙げられます。ケインズ的な裁量的経済政策に反対し，自由な市場に経済をゆだねるべきであるとし，福祉制度や雇用政策に反対しました。福祉制度や完全雇用政策などの大きな政府に反対するこれらの学説が正しいのか否かについては疑問ももたれていますが，財政赤字に悩む時の政権と結びついて力を得，「小さな政府」を目指す行財政改革の理論的基盤となりました。

第6節　福祉国家の再編成

　1990年代以降になると，福祉改革への取り組みが急速に進むようになりました。ここでは，そうした諸改革のなかから3点について述べておきたいと思います。

第1章　社会福祉のあゆみ　　**25**

▼1. 個人責任重視への変化

　貧困者への福祉施策は，手当を支給することよりも，仕事による収入が得られるような支援をすべきだという，個人責任を重視する方向での改革が目指されるようになりました。アメリカ合衆国の福祉改革はその典型的な例といえるでしょう。かつて，アメリカには，主に貧困な母子世帯を対象として子どもが義務教育を終了するまで手当を受給できるAFDCという制度がありました。1935年に創設されたものですが，それが1996年に廃止になり，新たにTANF（貧困家庭一時扶助）という制度が導入されました。TANFでは，手当を受給し始めて一定期間が過ぎると就労が義務づけられ，5年を過ぎたら手当を受けられなくなり，あとは個人責任でやってほしいというしくみです。これは「福祉から就労へ（Welfare to Work）」とかワークフェアと呼ばれています。2000年前後からは，各国において多様な形で実施されるようになり，たとえば，韓国では金大中政権時代の1999年に生産的福祉制度と呼ばれるものが始まりました。日本では2005年から，生活保護受給者への就労支援を行う自立支援プログラムが導入されました。

▼2. 高齢者の医療と介護

　高齢社会では，老後の生活費を支える年金が必要になるほか，病気にかかりやすく，また，介護を必要とする人が増えるので，それに要する費用の確保が大きな課題になります。病気で病院に入院したまま引き続きそこで介護を受ける人が増えると，医療費が増大することはもちろんですが，本人も病院の狭いベッドで毎日暮らすのは生活の質の面で問題があります。そのため，日本では，医療保険制度とは別に介護保険制度が1997年に創設され，2000年から実施されています。地域のなかで，介護事業者として指定された民間の非営利，営利の多様な組織体が介護福祉サービスを提供できるようにすることで介護の市場化を進め，要介護者はそれら各種の福祉サービスを組み合わせて利用しながら，なるべく自宅で生活できるようにするという，地域包

括ケアの考え方が生まれ，そのしくみづくりが進められています。この変化は，「医療から福祉へ」という言葉で要約されています。

▼3．福祉国家から福祉社会へ

　近年では，福祉国家という言葉はしだいに使われなくなり，それに代わって福祉社会という言葉がより多く使われるようになりました。福祉を提供するのは国家だけではなく，市民団体，公益法人，NPO法人，生活協同組合，労働組合，ボランティア団体などのさまざまな組織が，それぞれに人びとの福祉のために役割を果たすことができるという考え方がその基礎になっています。その状態を表現するためには，福祉国家よりも福祉社会の方がふさわしいとの考えによるものです。福祉社会は，多様な集団や組織で構成されていることから，「福祉多元主義」と呼ばれることも，「福祉の混合経済」とよばれることもあります。地域社会の特性に合った組み合わせで展開するために，地域福祉やコミュニティ政策が重視されるようになっています。

文　献

金子光一（2005）『社会福祉のあゆみ』有斐閣アルマ

清水教惠・朴光駿編（2011）『よくわかる社会福祉の歴史（やわらかアカデミズム・わかるシリーズ）』ミネルヴァ書房

右田紀久恵・高澤武司・古川孝順編（2001）『社会福祉の歴史——政策と運動の展開　新版』有斐閣選書

第2章
福祉と人権
──ハンセン病を通して福祉を考える

はじめに

　わたしたちはいま，誰もが自分らしく生きられる権利をもって社会で生活しています。そして，自分らしく生きられる権利は国籍や性別，病気やしょうがいを抱えているかどうかにかかわりなく，誰にも等しく与えられています。そのような自分らしい生活を保障するしくみとして，わたしたちの社会には「社会福祉」という制度があります。この章で取り上げる福祉とは，わたしが幸せに生きられること，またそれを保障するしくみであり，人権とはわたしがわたしらしく生きられる権利です。

　「福祉」と「人権」は，どちらもわたしたちが人間らしく生きていくうえで欠くことのできないものであり，人権を支える思想，具体的なしくみがその社会の「福祉」として現れているといえます。戦後，わたしたちの社会では，一人ひとりの幸せで人間らしい生活を保障するために，さまざまな福祉の制度が整えられてきました。しかしながら，社会が発展してゆく過程のなかで置き去りにされてしまった人たちがいました。

　この章では，社会が置き去りにしてきたハンセン病の患者であった人たちの歴史をたどりながら，かれらの「福祉と人権」がなぜ置き去りにされてしまったのか，そのことを通してわたしたちは何を学ぶことができるのかを考えていきます。

28　第I部　福祉について考える

第1節　社会が排除したハンセン病とその歴史

▼1. ハンセン病に対する「隔離政策」の歩み

　かつて，わたしたちの社会にはハンセン病という病気にかかった人たちを家族や地域から引き離し，療養所に隔離する「らい予防法」という法律が存在していました。わたしたちは一人ひとり，生まれながらにして誰からも侵害されることのない権利をもってこの社会で他者とともに生きています。ところが，ハンセン病にかかった人たちは，今から100年近く前につくられた法律によって，誰もがあたりまえに持っている権利を奪われたり，制限されたりして生きることを余儀なくされました。国はかれらを特定の場所に隔離し，閉じ込めておくような制度をつくり，地域の人たちはかれらを恐れ，嫌がりました。そのような状況にいたるには，国の政策，地域の人びとのまなざしやかかわりだけではなく，医療・福祉・法律などの専門家の考えや実践も深く影響してきました。

　ハンセン病は，慢性の感染症です。ハンセン病の原因菌となる「らい菌」は，皮膚や末梢神経で増えていきます。病気が進行すると，手足の指が曲がる，感覚障害で痛みや熱さを感じにくくなり，傷をつくることや火傷することが多くなる，眉毛や頭髪が抜け落ちる，発疹が出るなど，体の目に付くところに症状が現れます。今は治療法が確立されていますが，十分な治療ができなかった時代，この病気にかかった人たちは，病気による外見の変化のために周囲から嫌われ，差別や偏見の対象になっていました。また，治らない病気とか，同一の家族内で発病することがあったので遺伝する病気という誤った認識もありました。生活に困窮している人たちは，病気の身体で物乞いや放浪生活をしていました。そのような人たちに対して，明治時代の中頃は海外の宣教師や日本の宗教家たちが病者の救済事業活動を担っていました。

　1897年にベルリンで開催された第1回国際らい会議で，ハンセン病が感染症であること，病気の予防には隔離が有効であることなどが確認されました。この国際会議の後，国はハンセン病が感染性のものであることを認識し，

第2章　福祉と人権　　**29**

多くの人に病気の感染が拡大しないように対策を考え始めます。そして1907（明治40）年，国は患者や患者のいる家の消毒，医師に対する行政官庁への届け出，物乞いや放浪生活をしている人たちの療養所への救護などを定めた「癩予防ニ関スル件」という法律を制定し，1909（明治42）年，全国に5カ所の公立療養所が開設されました。このときの法律では，生活に困窮している，看病する家族や親族がいないなど在宅で療養することが難しい人たちが療養所への入所対象となっており，隔離の対象は限定的なものでした。また，「救護」としながらも実際は，物乞いや放浪している患者の取り締まりに重きがおかれていました。

　その後，国は1931（昭和6）年に「癩予防法」を制定し，療養所への隔離の対象を在宅で療養生活をしている人たちにも広げました。このほか，伝染の恐れがある職業への従事を禁止することなども法律で規定されました。「癩予防法」が施行されると，国を挙げて，全国に一人もハンセン病の患者がいないようにするための「無癩県運動」が実施され，病気を抱えながらも地域で生活していた人びとが療養所へ隔離される動きが急速に進められていきました。

　戦後，「基本的人権の尊重」をうたった日本国憲法が制定・施行されました。ハンセン病をめぐっては「癩予防法」改正の動きがあり，国会で議論がなされるとともに，療養所の入所者たちも改正に向けて「らい予防法闘争」とよばれた運動を展開しました。しかし1953（昭和28）年に隔離を継続するかたちで「らい予防法」が制定されます。以後，1996（平成8）年に「らい予防法の廃止に関する法律」が制定されるまで，日本ではハンセン病の患者は療養所に隔離する，という考えが法律にもとづいて継続されました。長期にわたる隔離政策は，患者の人生を療養所のなかだけで完結させるとともに，社会からハンセン病のことや患者の存在を隠し，見えなくしてしまったのです。

▼2．こんにちのハンセン病療養所の姿

　現在，全国には**表2-1**のように13カ所の国立療養所と1カ所の私立療養所が存在しています。「平成28年版　厚生労働白書」によると2016（平成

表2-1　全国のハンセン病療養所一覧

療養所名	所在地
国立松丘保養園	青森県青森市
国立東北新生園	宮城県登米市
国立栗生楽泉園	群馬県吾妻郡草津町
国立多磨全生園	東京都東村山市
国立駿河療養所	静岡県御殿場市
国立長島愛生園	岡山県瀬戸内市
国立邑久光明園	岡山県瀬戸内市
国立大島青松園	香川県高松市
国立菊池恵楓園	熊本県合志市
国立星塚敬愛園	鹿児島県鹿屋市
国立奄美和光園	鹿児島県奄美市
国立沖縄愛楽園	沖縄県名護市
国立宮古南静園	沖縄県宮古島市
私立神山復生病院	静岡県御殿場市

28）年5月1日現在の国立ハンセン病療養所入所者数は1,577名となっています。多くの療養所は交通の便が悪く，地域と療養所が物理的にも距離があることを感じさせます。かつてハンセン病の患者として療養所に入所した人たちは，現在，病気は回復していますがハンセン病の後遺症，高齢化による認知症状などで介護を必要とする人たちがほとんどです。療養所のなかには一般舎，不自由者地区，センター，病棟といって入所者の身体の状態に合わせた居住空間が存在しています。

　また，宗教地区といって仏教，キリスト教など入所者の人たちが信仰する宗教にかかわる施設が集中している区域，共同浴場，郵便局，ショッピングセンター，納骨堂などの施設が整備されています。入所している人たちの多

くが家族や親族との縁が途絶えてしまっており，亡くなった後は療養所の納骨堂に遺骨が納められます。東京都の東村山市にある多磨全生園の納骨堂には大きく「倶会一処」の文字が刻まれています。これは仏教の言葉で浄土でともに会うという意味ですが，全生園では入園者たちの「亡くなった後も，あの世でまた共に会おう」という意味が込められています。納骨堂の前に立ち，「倶会一処」の文字を目にしたわたしたちは，療養所で生きてきた当事者の深い悲しみ，社会から隔離されて生きてきた者同士に生まれた絆，亡くなった後も故郷に帰ることのできない無念さなど，言葉では言い表すことのできない重荷を引き受けざるをえないでしょう。

　今は静かで穏やかな時間が流れている療養所で入所者はどのように生きてきたのか，そして家族にはどのような影響があったのかを次の節でみていきます。

第2節　社会が奪った患者の尊厳ある生

▼1．地域からの排除と療養所への隔離

　「癩予防法」が施行されていた当時，患者を療養所へ連れていったのは警察官や自治体の職員でした。連れて行かれるとき，患者は列車に乗せられたのですが，患者が乗っている車両には「らい患者護送中」と書かれていたそうです。患者を療養所へと連れて行く列車は「お召し列車」と呼ばれました。筆者がとてもお世話になっていた在日韓国・朝鮮人の方は，何も悪いこともしておらず，病気にかかっただけなのに警察官に手錠をはめられて療養所まで連れて行かれたと話してくれました。このほかにも，家中を消毒されたり，夜暗いうちに誰にも知られないように家を出るなど，患者は周りの目を気にして療養所に隔離されたのです。

　家中が消毒される様子は，病気に対する地域の人びとの不安と恐怖を高めました。家からハンセン病の患者が出たことを知られると，親族の縁談が破談になる，仕事を続けられなくなる，子どもが通学を拒否されるなど，本人だけではなく家族にも差別の眼差しが向けられていきました。このように「癩

予防法」の時代には、患者や家族の人権がまったく無視されるような方法で、療養所への隔離が行われていました。

▼2. 療養所での管理と抑圧された生活

家を追われるようなかたちで療養所に入所した人たちのなかには、療養所にいることがわかると家族に迷惑がかかるからという理由で療養所から名前を変えるように促され、園名を名のることになった人、家族のことを思って自ら本名を変える人がいました。自分の名前を変え、存在を隠して生きなければならないほど、社会のハンセン病に対する偏見は強かったのです。また療養所には、そこでしか使用できない「園券」「園内通用券」などとよばれたお金が存在していました。これは入所していた患者が療養所から逃げ出さないことを目的につくられたもので、入所のときに所持金と交換されました。療養所に入所している人たちが発行した『全患協運動史』には、「園券」の使用が1919（大正8）年から開始され、最も遅く廃止された熊本県の菊池恵楓園では1955（昭和30）年に現金支給となったことが記されています。

そのほか、患者のうち軽症の人には「義務看護」という役割が与えられていました。ハンセン病療養所では病気が進んで重症の人、視覚しょうがい（患者同士のあいだでは「盲人」と呼ばれています）の人、体が不自由な人など、身の回りのことに手助けが必要な人たちの介助や介護、看護を病気が軽い患者が担っていました。これは不自由な人たちが生活している「不自由舎看護」と病棟で生活している「病棟看護」に分けられ、食事の介助や部屋の掃除、身の回りの世話など病気の軽い人が重い人の世話をすることが義務化されていました。それは患者の看護、介護を担う職員の数が十分ではなかったことによります。このような役割のほかに、「患者作業」という療養生活において必要なさまざまな作業に患者が従事する状況があり、作業の対価として「作業賃」が支給されていました。

さらに、療養所長には療養所の規則に違反した患者を罰する「懲戒検束権」という権限が与えられており、30日以内の謹慎や監禁、7日以内の減食といった処分がなされていました。療養所内には監房が設置されていましたが、特

第2章 福祉と人権　　**33**

に群馬県にある国立栗生楽泉園には 1938（昭和 13）年に「特別病室（重監房）」と呼ばれる監禁室が建設され，全国の療養所入所者のなかでも「不良性が高い」とされた患者が監禁されました。楽泉園は冬場の寒さが非常に厳しく，筆者がお世話になった方の話では干していたタオルが凍ってバリバリになってしまうほどだったといいます。1947（昭和 22）年，入所者たちの訴えによって重監房は廃止されますが，重監房に入れられた 93 人のうち，23 人が亡くなりました。

　ここまでみてきたように，療養所は患者の病気を癒す場所ではなく，患者の生活は療養所長，職員によって管理・維持され，療養所内の生活全般が患者相互の労働や看護・介助に委ねられていました。

▼3. 叶わなかった子どもを産み育てること

　日本のハンセン病問題を考えるとき，ここまでみてきただけでもハンセン病患者であった人やその家族が社会のなかでさまざまな抑圧状態に置かれていたことが理解できます。しかし，もっとも深刻な問題として指摘できるのが療養所内で優生手術が行われていたということです。戦前には，患者同士の結婚を認める条件として，男性に対して「断種」手術が行われていました。これは法的根拠もなく行われました。戦後，わたしたちの社会では 1948（昭和 23）年，「優生保護法」という法律が制定・施行されました。「優生保護法」はその目的を「優生上の見地から不良な子孫の出生を防止するとともに，母性の生命健康を保護すること」におき，優生手術の対象として「本人又は配偶者が，癩疾患に罹り，且つ子孫にこれが伝染する虞れのあるもの」が規定されていました。療養所での男性に対する「断種」手術，妊娠した女性に対する中絶手術が合法化されたのです。さらに，第 3 節で触れる「ハンセン病問題に関する事実検証調査事業」の実態調査では，全国の療養所内にホルマリンに漬けられた 114 体の堕胎児の標本が見つかるという，大変衝撃的な事実が明らかになりました。この問題においては，この世に生きて生まれてくることすら許されなかった胎児のいのちの尊厳までもが奪われていたのです。次の節では，このような抑圧的な状況に対して，日本の社会福祉の制

度や実践はどのようなかかわりがあったのかということをみていきます。

第3節　ハンセン病問題と社会福祉

▼1. らい予防法廃止後の動きとソーシャルワーカーの気づき

　「らい予防法の廃止に関する法律」が制定・施行された後，1998（平成10）年に九州の2カ所の療養所の入所者13名が国を訴えて裁判を起こしました。裁判は熊本地方裁判所，東京地方裁判所，岡山地方裁判所の3カ所で行われ，それらを「らい予防法」違憲国家賠償請求事件といいます。この裁判で原告となった入所者たちは，長い年月にわたって続けられた隔離政策の下での人権侵害に対して国に謝罪と賠償を求め，一人ひとりの人間としての尊厳の回復を訴えました。

　2001（平成13）年5月11日，熊本地方裁判所において国の責任を認める原告勝訴の判決が出されました。当時，裁判を支援する市民団体の発足，新聞やマスコミの報道など，ハンセン病問題に対して社会の関心が向けられるとともに，社会的な支援の輪が広がっていました。熊本地裁判決に対して国は控訴する方針を固めていましたが，原告およびかれらを支援する人たちが厚生労働省前で控訴断念を訴え続けました。また新聞やマスコミも国と原告の人たちとのやりとりを取り上げ，社会の関心を呼びました。このようなやりとりを経たのち，国は熊本地裁判決を受け入れ控訴を行わない決定をし，同年5月25日に「ハンセン病問題の早期かつ全面的解決に向けての内閣総理大臣談話」および「政府声明」が出されました。

　それまでハンセン病問題に無関心であった社会の人たちは，ハンセン病隔離政策の下で患者であった人びとが自分らしく生きる権利を奪われてきたことに，この裁判を通して気づかされることになりました。そのなかで，ハンセン病にかかった人たちが国の政策によって療養所に隔離され続けたことや療養所で行われてきた数々の人権侵害の事実に対して，社会的な責任があること，社会的支援の必要性があることを重く受け止めたのは福祉の専門職であるソーシャルワーカーたちでした。裁判の後，厚生労働省の委託事業とし

第2章　福祉と人権　**35**

て 2003（平成 15）年 6 月から 2004（平成 16）年 3 月 31 日に「ハンセン病問題に関する事実検証調査事業」が実施されました。同事業では「ハンセン病患者に対する隔離施策が長期間にわたって続けられた原因，それによる人権侵害の実態について，医学的背景，社会的背景，ハンセン病療養所における処置，〈らい予防法〉などの法令等，多方面から科学的，歴史的に検証を行い，再発防止のための提言を行うこと」を目的に療養所入所者，退所者など当事者からの聞き取り，国立療養所での現地調査などが行われました。当事者への聞き取り調査には，多くのソーシャルワーカーが携わりました。

　そして裁判以降，療養所を退所した人たちの地域生活支援や家族の支援などにソーシャルワーカーたちが積極的にかかわり始めます。社会福祉専門職団体が発行している『ソーシャルワーカーのハンセン病支援のための基礎知識ハンドブック』には，多くのソーシャルワーカーが，熊本地裁判決がなければハンセン病問題を直視する機会がなかったであろうこと，全体としては強制隔離政策のなかでハンセン病問題に取り組んできた「遅れてきた支援者」であったという反省が述べられています。

▼2．ハンセン病問題における社会福祉のかかわり

　裁判とその後の検証会議の調査を通してソーシャルワーカーたちが受け止めた専門職としての責任は，患者であった人びとのその人らしい生活を保障することが社会福祉の制度や実践からは見落とされてしまっていたことを表しているといえます。日本では多くの尊いいのちが失われた第二次世界大戦後，憲法第 25 条に規定された生存権，生活権をもとに生活困窮状態にある人に対する生活保護法，戦争で親を失った子どもたちに対する児童福祉法，身体にしょうがいのある人たちに対する身体障害者福祉法という法律が制定され，さらに知的なしょうがいのある人，高齢者，母子世帯など，戦後に現れたさまざまな生活上の課題を抱える人を支える社会福祉の制度が整えられてきました。また，社会福祉の実践を支える思想として，しょうがいのある人，高齢の人など，支援を必要とする人も含め，誰もが地域で自分らしく生活することを支えるコミュニティ・ケアやノーマライゼーション，ソーシャ

ル・インクルージョン（社会的包摂）といった考え方が広まっていきました。戦後，日本の社会福祉は制度，実践ともに誰もが人間らしく生きられる権利が侵害されないことを前提として展開してきたはずでした。しかしながら，そうしたことは療養所に隔離収容されたハンセン病の患者であった人びとに対しては省みられることがなかったのです。

　戦後，ハンセン病の治療薬である「プロミン」という薬が効果をあげ，病状が軽くなった人たちのなかで療養所を退所する人たちが現れるようになりました。こうした人たちは「軽快退所者」と呼ばれました。そのような状況のなかで療養所にはケースワーカーとよばれる福祉の専門職が配置されました。かれらは，患者と家族や社会をつなぐ橋渡しの役割をしており，軽快退所を希望する人たちの支援に一生懸命携わりました。けれども，「らい予防法」には病状が回復したら退所してよいという規定はありませんでした。療養所のケースワーカーたちは，国の積極的な支援がないまま地域や社会のひとたちの偏見，先入観を予測しながら，退所を希望する人の支援を行っていました。個々の福祉専門職の果たした役割はかれらの生活や人生の支援につながるものであったとしても，社会全体としてかれらの福祉と人権を保障する動きには至らなかったのです。

　社会福祉は法制度，実践いずれにおいても生活に困りごとを抱えている人が社会にある支えを活用しながら，地域で自分らしく生活することの実現を目的としています。そしてそのような目的をもった社会福祉の法制度や実践を支える根底には，人間の尊厳を大切にするという人権への思想が存在しています。社会で人間の尊厳を大切にされることは，わたしたち一人ひとりに例外なくかかわることですが，国や自治体，地域住民がそれぞれに，誰もが排除されることのない福祉と人権に対する意識を共有することが必要といえるのではないでしょうか。

　この章の最後の節では，ハンセン病問題を通してこれからの福祉と人権についてわたしたち一人ひとりが考える手がかりとして，社会から置き去りにされてきたハンセン病の患者であった人たち，つまり当事者の声を聴くこと，現在進められている療養所を地域に開かれたものにしていこうという療養所の将来構想の取り組みを紹介します。

第 2 章　福祉と人権　**37**

第4節　これからの福祉と人権について考えるために

▼1．当事者の声を聴く

　ハンセン病隔離政策の下でハンセン病の患者であった人びとがどのように生きてきたのかを知るために，すでに出版されている各療養所の入所（園）者自治会によって編纂された『自治会史』や，当事者が書いた文献や手記を読むことができます。また国立多磨全生園の敷地内には国立ハンセン病資料館，国立栗生楽泉園の敷地内には重監房資料館が開館しており，当時の状況を理解できます。そうした文献や資料を通して，ハンセン病の患者であった人びとが抑圧的な状況のなかでも自ら声をあげ，運動を展開してきた存在でもあったことが分かります。戦後間もない時期の大きな患者運動としては，「らい予防法闘争」運動，患者による「義務看護」や「患者作業」を職員に切り替えることを求めた運動，療養所の生活向上を求めた運動など，人間らしく生きることを訴えてかれらは運動を続けてきました。その根底には，戦前から各療養所のなかに入所者自治会が結成され，入所者の自治活動が続けられてきたことがあります。運動の内容はハンガーストライキ，デモ行進，厚生省（当時）や国会前での座り込みなど体をはったものでした。かれらは自ら立ち上がり，かれらの人権が保障されていないことを訴えてきましたが，その声が社会の多くの人に届いたのは，国家賠償訴訟期以降でした。

　わたしたちの社会では，抑圧や差別される状況が改善されることを願って生きてきた当事者不在のまま，戦後の社会福祉制度の整備が進められてきてしまったのです。ハンセン病患者であった人びとのなかで，運動の先頭に立ってきたのは男性たちでしたが，療養所には女性たちもいましたし，マイノリティとして在日韓国・朝鮮の人もいました。つまり，療養所のなかにも社会と同様にジェンダーの問題，外国籍の人たちの問題が存在していました。そうしたひとくくりに考えることのできない多様な当事者の姿についても，わたしたちの社会は置き去りにしてきてしまったといってよいでしょう。社会が発展してゆく過程のなかで置き去りにされてきた当事者の声は，これから

38　第Ⅰ部　福祉について考える

の福祉と人権を考える大切な教科書といえるのです。

▼2．地域とつながる，歴史を継承する取り組み

　第3節で述べたように，「らい予防法」の廃止以降，国家賠償訴訟，熊本地裁判決，検証会議の実施，とハンセン病問題に対する社会の関心は高まり，ハンセン病患者であった人びとをとりまく状況は大きく変化してきました。2005年には「ハンセン病に対する偏見や差別を解消し，ハンセン病問題における歴史の教訓を，これからの社会のあり方へと引き継ぐこと」を目的とする「ハンセン病市民学会」が立ち上げられ，市民がハンセン病問題について自ら考え，ハンセン病患者であった人びとと共に取り組む社会的な基盤が出来上がってきました。こうした状況のなかで，地域や社会から隔離された場であった療養所を地域に開放することを含めた療養所の将来構想について考える動きがみられるようになりました。これを具体化するものとして2009（平成21）年4月から施行されたのが「ハンセン病問題の解決の促進に関する法律」（以下，「ハンセン病問題基本法」）です。

　「ハンセン病問題基本法」が成立するまでにはハンセン病の患者であった人たち，療養所の職員，弁護士，市民団体などさまざまな人の手によって署名活動が行われました。そして100万筆を目標として行われていた署名活動に対して93万筆が集まったのです。現在，「ハンセン病問題基本法」の施行にともない，療養所を地域に開放していこうという取り組みが入所者，職員，療養所の所在自治体，支援団体などさまざまな関係者によって進められています。その取り組みの具体例として，2012（平成24）年には国立多磨全生園と国立菊池恵楓園の園内に保育所が開園しました。保育所の開園にあたっては入所者たちの自分の子どもを産み育てることができなかったことへの思いが込められています。療養所が地域から隔絶された場所に設置されているところにおいては，地域に開放することへの物理的な課題も存在していますが，このような取り組みは，わたしが幸せに生きられる福祉のあり方，わたしがわたしらしく生きられる権利としての人権を，一人ひとりが身近に考えるための示唆を与えてくれます。

第2章　福祉と人権　**39**

おわりに

　「福祉と人権」はわたしも，あなたも，何かを理由にして奪われること，制限されることなく保障されるものです。ハンセン病患者であった人たちの「福祉と人権」は，病気やしょうがいを社会にとって良くないものとして排除する国や社会の考えを前提として，社会の発展から置き去りにされてきました。そこには時代ごとの福祉のなかで採用されてきた，病気やしょうがいのある人たちに対する「隔離」という「処遇」のあり方が強く影響しています。わたしたちの社会はハンセン病の患者であった人のほかにも，しょうがいのある人や高齢の人を病院や施設に「隔離収容」することが福祉のあり方として当然とされていた時代がありました。つまり，当事者の「人権」が置き去りにされて「福祉」が考えられるようなことが過去にはあったのです。

　「いま，ここ」から振り返ったとき，わたしたちはハンセン病患者であった人たちの人間としての尊厳が深く傷つけられ，そのことすらも気づかれずに多くの方が亡くなっていったことを知ることができます。わたしたちの社会はこのような「福祉と人権」を否定される生き方を余儀なくされた人たちが生きてきた歴史のうえに成り立っています。そのことを知ったとき，「福祉と人権」はどちらも切り離されることなく，わたしたちが人間らしく幸せに生きられることが保障されるものであることを学ぶことができるのです。

文　献

社会福祉専門職団体協議会編（2003）『ソーシャルワーカーのハンセン病支援のための基礎知識ハンドブック』日本医療社会事業協会

多磨全生園入所者自治会編（1979）『倶会一処——患者が綴る全生園の七十年』一光社

財団法人日弁連法務研究財団ハンセン病問題に関する検証会議編（2007）『ハンセン病問題に関する検証会議最終報告書』（上・下巻）明石書店

全国ハンセン病療養所入所者協議会（2001）『復権への日月——ハンセン病患者の闘いの記録』光陽出版社

全国ハンセン氏病患者協議会（1975）『全患協運動史』一光社

第Ⅱ部

社会福祉について知る
──援助のしくみと方法

第3章
こんにちの社会福祉のしくみ

はじめに

　現代の日本では，序章で説明されたように，少子高齢化，人口減少，小家族化，女性の就業率の上昇，非正規労働者や定住外国人労働者の増加などの社会変動が進み，人びとは普段は問題なく暮らせていても，何かの負荷が加わると自分の力だけでは対応ができない脆弱（バルネラブル）な状況を抱えるようになりました。こうした社会変化のなかで，社会福祉の課題やしくみも変化してきました。

　ところで，序章や第1章では明確な定義を述べませんでしたが，社会福祉には広い意味（広義）のものと狭い意味（狭義）のものがあり，機能やしくみもそれによって異なります。この章では，そうした社会福祉概念について少し学んだ後に，狭義の社会福祉について，しくみや機能の観点から解説してみたいと思います。

第1節　社会福祉とは何か

▼1．広義の社会福祉

　日本では，第二次世界大戦後，日本国憲法第25条2項に「国は，すべての生活部面について，社会福祉，社会保障及び公衆衛生の向上及び増進に努めなければならない」と規定され，社会福祉という言葉が一般に普及することになりました。しかし，憲法には社会福祉の意味内容までは書かれていませんから，それをどのようなものとして受け止めるかをめぐって考え方の違

42　　第Ⅱ部　社会福祉について知る

いが生まれました。

　当時の文献を調べてみると，竹中勝男という学者は，社会福祉とは「社会政策や社会事業や保健衛生政策や社会保障制度の根底に共通する政策目標として，或いは又，これの政策や制度が実現しようと目指している目的の概念」であると述べています。しかし，このような社会福祉の捉え方に対しては，あまりにも漠然としていてつかみどころがないという意見が当時からありました。憲法の条文のなかで，社会保障，公衆衛生と並べられている点からみると，目的を表す抽象的概念としてではなく，具体的実体をもった社会制度として理解すべきだとの意見もありました。

　戦後間もない1948年に，総理大臣の諮問機関として社会保障制度審議会が設置され，今後の在り方を検討した結果を，50年に『社会保障制度に関する勧告』（以下，50年勧告）として発表し，社会保障制度について次のように定義しました。

> 「社会保障制度とは，疾病，負傷，分娩，死亡，廃疾，老齢，失業，多子その他困窮の原因に対し，保険的方法又は直接公の負担において経済保障の途を講じ，生活困窮に陥ったものに対しては，国家扶助によって最低限度の生活を保障するとともに，公衆衛生及び社会福祉の向上を図り，もってすべての国民が文化的社会の成員たるに値する生活を営むことができるようにすることをいうのである。」

　この文章は，社会保障制度が社会保険，国家扶助，公衆衛生，社会福祉の4つの制度によって構成されることを示しています。つまり，社会福祉は社会保障制度の一部分として位置づけられました。ところが，外国の諸文献をみると，社会保障が社会福祉の一部分として位置づけられることの方が多いようです。日本とはまるで逆の位置づけですから，当然，混乱が起こります。混乱は避けるにこしたことはないのですが，便法として，諸外国で社会福祉と呼び，日本で社会保障制度と呼ばれているものは基本的には同じものですから，それを「広義の社会福祉」と呼ぶようになりました。

第3章　こんにちの社会福祉のしくみ　**43**

▼2．狭義の社会福祉

　では，狭義の社会福祉とは何でしょうか。50年勧告では次のように述べています。

> 「国家扶助の適用をうけている者，身体障害者，児童，その他援護育成を要する者が，自立してその能力を発揮できるよう，必要な生活指導，更生補導，その他の援護育成を行うことをいう」

　このなかで「国家扶助の適用をうけている者」というのは，具体的には生活保護の被保護者を意味します。つまり，貧困状態であったり，しょうがいを持っていたり，子どもであるなどのために，生活上の困難を抱えている人びとに限定して行われる援助を指しています。

　たとえば，夫の死亡後に妻子が受給する遺族年金は社会保険ですが，離婚によって単身で子を扶養することになった母親には遺族年金はありません。それを補うために支給される児童扶養手当は，狭義の社会福祉に分類されます。つまり，狭義の社会福祉は，一般的制度の適用を受けることはできないが，援助が必要な状態にある人びとに限定して行われる側面があります。こうした個別的な支援や援助を行う制度は，外国では「個別社会サービス」「社会的ケア」「社会サービス」と言うことが多いようです。

▼3．福祉の普遍化──社会福祉概念の変化

　上記の50年勧告以降，高度成長期を経て日本社会は大きく変わり，福祉諸制度に期待される役割も変わってきました。そこで，社会保障制度審議会は，そうした変化を踏まえて1995年に，『社会保障体制の再構築に関する勧告』を行っています。それによれば，「（50年勧告）当時は第二次大戦後の国民経済の混乱と国民生活の疲弊の中で，いかにして最低限度の生活を保障するかが，現実的な理念であり，課題であった」のに対して，「現在の社会保障制

44　第Ⅱ部　社会福祉について知る

度は，すべての国民の生活に不可欠なものとして組み込まれ，それなくして国民の生活が円滑に営まれ得ない体制となっている」と表明しています。そして，同勧告に付された用語解説では，狭義の社会福祉について，「生活困窮者，身体障害者，児童，老人などの援護育成を要する者に対し，これらの者が安定した社会生活を営むのに必要な一定の財やサービスを供給すること」という説明がなされました。

　社会福祉の新たな定義のなかの「安定した社会生活を営む」，ということを考えてみましょう。人びとの暮らしが安定するためには，次のようなことが必要です。衣食住など最低限必要なものが満たされ，健康であること。経済的に必要な収入が安定して得られること。子どもの保育や病気の診断・治療や看護，そして介護のような他者からの援助が，必要なときに得られること。そして，愛情や思いやりのような他者との情緒的な関係が結ばれていること。これらはヒューマンニード，または単にニードと呼ばれています。また，「必要な一定の財やサービスの供給」という表現には，物品だけでなくソーシャルワーカーなどの専門職が行う福祉サービスの提供が含まれます。

　しょうがいや老齢や病気などのために，他者からの支援なしには自立した暮らしができないときや，必要な収入が得られず経済的に困窮しているときなどに，ニードが発生します。しょうがい者や高齢者ではなくても，小家族化によって，子育てや病気の看病といった生活のいろいろな場面で，身近に頼める人がいなくて困ることも増えました。

　このように考えてみると，解決されるべき課題は貧困問題ばかりではなく，しょうがい者の自立支援や子どもの保育や養育などの諸課題があることがわかります。狭義の社会福祉は，かつては，貧困や低所得の世帯に居住する人びとを対象にしていましたが，今日では所得の有無やその多少にかかわらず，ニードがあることだけを要件とした支援が行われるようになりました。このことは，福祉の普遍化と呼ばれています。

第2節　社会保険と公的扶助

　さて，すでに述べたように，日本では，広義の社会福祉に相当するものを

社会保障制度と呼び，それが「社会保険」「公的扶助」「社会福祉」「公衆衛生・医療」の4つから成り立っていると考えられています。このうち，この節では社会保険と公的扶助，次節で社会福祉を取り上げて説明してみたいと思います。

▼1．社会保険の特徴

　強制保険：社会保険とは，国民が病気，けが，出産，死亡，老齢，障害，失業など，生活上のいろいろな困難をもたらす事故（保険事故という）に遭遇したとき一定の給付を行うものです。その財源は，月々，あるいは年に何回かに分けて加入者とその雇い主が支払う保険料（拠出金という）がその大部分を占め，これに一部公費負担があります。社会保険に「社会」という名前がつく理由は，加入を拒否することができない強制保険であることと，公費負担があることです。民間の保険は加入したい人だけが加入する任意保険であり，社会保険でそのような自由を許すと，保険料負担をいやがる人は加入しなくなり，社会保障としての目的が果たせなくなります。全員を強制加入させるには，低所得者や無職者には保険料の免除や減額を行う必要があるので，その分を公費で負担するしくみになっています。また，年金保険では長期間にわたって積み立て，いざ受給するときには貨幣価値が下がっているかもしれません。民間保険ではそうしたことは保障されませんが，社会保険では実質価値を維持する方策がとられています。

▼2．社会保険の種類

　社会保険はさらに細かく，

　　①医療保険
　　②年金保険
　　③介護保険
　　④雇用保険

⑤労働者災害補償保険

の5つの種類に分かれています。

　医療保険は，病気やけがをした場合の医療費の保障と，そのために仕事を休んで所得が減少するとか中断した場合の給付を行うものです。

　年金保険の保険事故としては，老齢になって退職し所得が途絶えるとき，身体障害そのほかの障害を受けたとき，および死亡です。死亡は，遺族に対する給付になります。

　雇用保険は，1947年に制定された失業保険を前身とした制度です。失業手当の支給だけでなく雇用安定事業や能力開発事業など雇用・就業の安定や職業訓練の事業も行うので74年の改正により雇用保険法に変わりました。

　労働者災害補償保険は労働者が，業務上で事故や災害に遭うとか，通勤途上の事故に遭ったとき，それによる医療費負担や所得減少分を補償するものです。雇い主が従業員に償いをするという意味が込められています。この制度では，保険料を負担するのは事業主であり，従業員は負担しません。

　以上の4種類は，世界のどこの国にもみられる普遍的な制度ですが，介護保険はわが国以外ではドイツ，オランダ，韓国など少数の国でしか採用されていません。

▼3．定型的事故

　社会保険に限らず民間保険もそうですが，その保障対象は，統計的な大数の法則によって生起確率が計算できる定型化された事故に限られています。どれくらいの割合で事故が発生するかを予測して費用を見積もらなければ，保険料を決めることができないからです。生活の困窮に陥る理由は病気や退職などに限られるわけではなく，確率予想のできない多様で非定型的理由がありますから，社会保険だけであらゆる事故に備えることはできません。社会保険は社会の安全網としては比較的目の粗い制度といえるでしょう。そのような場合の2段目の備えが，次に述べる公的扶助です。

第3章　こんにちの社会福祉のしくみ　**47**

▼4．公的扶助の特徴

　セーフティネットとしての社会保険の網の目があっても，その網の目から抜け落ちて貧困になってしまうことがあります。そこで，個々人の資産や所得，活用できるもの，扶養義務者の有無などを調べる資力調査（ミーンズ・テスト）をして，収入が一定の基準を下回っている場合，足りない分を国が税金を用いて補うことで最低生活保障をするのが公的扶助です。

　公的扶助はそのような特徴をもった制度の総称として用いられる言葉であり，日本では生活保護制度がこれに相当します。諸外国でも公的扶助制度は行われていますが，具体的な制度の名前は国によってまちまちです。アメリカでは「TANF（貧困家庭一時扶助）」とか「SSI（補足所得保障制度）」という名前の制度があり，イギリスでは「ユニバーサル・クレジット」という制度，ドイツでは「社会扶助」と「求職者基礎給付」という制度，フランスでは「活動的連帯所得手当」という名前の制度があります。

▼5．防貧と救貧

　病気になれば医療費の負担などがあって，そのままだと貧困に陥ってしまうので，医療保険制度で医療費を保証して，貧困を未然に防ぐのが社会保険の機能ですから，社会保険は防貧機能をもつといわれています。これに対して，公的扶助は，貧困になってしまった場合にそれを救うものだから救貧機能を果たします。社会保険が一般国民を対象にして定型的な事故に備える制度であるのに対して，公的扶助はそうした定型的事故以外の出来事や，社会保険の適用から外れる者，あるいは社会保険の給付額では最低生活費に不足して困窮になる場合に備えたものといえるでしょう。

第3節　狭義の社会福祉

　具体的に，しょうがい者について考えてみましょう。障害年金を月々何万

円か受給していても，しょうがいのない人に比べると生活上の不便が多く，具体的な援助が必要になります。高齢者の場合も，家庭において暮らせないほど重い寝たきり状態になるとか，家庭では介護のための人手が足りずに生活が不自由になる場合に，金銭給付を行っても解決は難しいでしょう。家事を支援してくれる人，身の回りのいろいろな介護をしてくれる人，家庭で暮らせない場合は老人ホーム，という福祉サービスが必要です。

　児童，しょうがい者，高齢者などに対してお金を給付するのではなく，自立を支援するための人的なサービス，すなわち保育士や介護福祉士やソーシャルワーカーなどのサービスを提供することが狭義の社会福祉制度です。社会保障制度審議会の50年勧告時点の社会福祉の定義は貧困者対策の色合いが濃いものでしたが，この制度は，老人家庭奉仕員派遣制度の所得制限が撤廃された1982年頃から，救貧制度というよりも国民全体のなかでニードのある人を対象として，その人なりの自立と社会参加をうながす機能を果たす方向へと発展しました。

▼1．増え続ける児童虐待

　もう少し具体的に考えてみましょう。日本では，児童虐待が増え続けています。全国の児童相談所で対応した虐待相談の数は，1998年度には6,932件でしたが，2014年度には8万件を超えました。犯罪に該当する場合は警察が対応するはずですが，加害者を逮捕して懲罰を加えるだけでは問題は解決しません。一時的にも子どもを保護者から引き離して，被害児に衣食住，安全，健康，愛情ある人間関係，才能や趣味を伸ばす機会，そして自分の夢を追求できる環境を提供する児童福祉の対策が講じられなければなりません。「児童虐待の防止等に関する法律」（2000年）が制定されて，裁判所の許可を得て行う立ち入り調査等が可能になり，発生予防，早期発見・早期対応，保護・自立支援といった枠組みでの取り組みがなされています。

　虐待は子どもに対するものばかりではありません。「配偶者からの暴力の防止及び被害者の保護等に関する法律（DV防止法）」（2001年），「高齢者虐待の防止，高齢者の養護者に対する支援等に関する法律」（2005年），「障

第3章　こんにちの社会福祉のしくみ　**49**

害者虐待の防止，障害者の養護者に対する支援等に関する法律」（2011 年）
が相次いで制定されました。また，児童虐待防止法は 2004 年に改正され，
保護者以外からの虐待や児童の面前での DV 行為も虐待に含まれることなど
が規定されました。

▼2．福祉サービスの提供

　虐待の相談を担当する児童相談所は児童福祉法の規定による社会福祉機関
です。虐待の問題だけでなく，子どものしょうがいや不登校や非行などのさ
まざまな相談を受け付けています。相談援助を担当する社会福祉機関は児童
相談所以外にも，法定のものとして福祉事務所，身体障害者更生相談所，知
的障害者更生相談所，婦人相談所，地域包括支援センターなどがあります。
　相談援助のほかにも多くの種類の直接的なサービスが提供されています。
たとえば，乳児院や児童養護施設といった入所施設，里親や養子縁組による
居宅でのサービス提供などです。保育所のように日々通うデイサービス型の
福祉施設は数多くあります。その他には，経済的に困窮している人，母子や
父子のひとり親世帯，しょうがいのある子ども（しょうがい児）や大人（しょ
うがい者），高齢者などニードを持つ人びとに対して多種多様な支援がなさ
れています。

▼3．社会福祉施設

　施設の種類は大別して，保護施設，障害者支援施設，児童福祉施設，老人
福祉施設，婦人保護施設，その他の施設があります。それぞれの分野でさら
に細かく，生活保護施設では，救護施設，更生施設，医療保護施設，授産施
設，宿所提供施設の 5 種類。障害者関連では障害者支援施設，地域活動支
援センター，福祉ホーム。児童福祉施設には，助産施設，乳児院，母子生活
支援施設，保育所，児童養護施設の他，障害児のための多種多様な施設があ
ります。さらに老人福祉施設や婦人保護施設など個々に数えていくと約 90
種類があります。施設の総数は，2014 年 10 月 1 日現在で 53,154 カ所，利

用者定員は 3,076,080 人です。

▼4．社会福祉協議会

　地域の福祉を民間の立場で推進する機関として，社会福祉協議会があります。通称では「社協」と短縮して呼ばれています。法律では，社会福祉を目的とする事業に関する調査，総合的企画，連絡，調整や助成，普及，宣伝，社会福祉活動への住民参加の支援などが機能としてあげられています。地域のニーズを把握することや，しょうがい者支援の組織化や，地域の住民団体の組織化など，地域の組織化による問題解決を目指す活動などを行っています。

▼5．福祉専門職

　これらの社会福祉機関や施設では，福祉専門職が業務に携わっています。福祉専門職の法定の資格には社会福祉士，精神保健福祉士，介護福祉士，保育士，介護支援専門員（ケアマネージャー）などがあり，資格を得るための養成課程と試験制度が設けられています。そのほかには地方公務員となった後，その任に就くために要求される任用資格として児童福祉司，社会福祉主事などの資格があります。社会福祉援助は多くの場合，このような専門職者によって業務が遂行されています。

　専門職資格ではありませんが，法律にもとづいて市町村の区域で地域社会の福祉の増進の役割を担う民間奉仕者として，民生委員法による民生委員が任命されています。民生委員は同時に，児童福祉法による児童委員としても任命されています。

　最近では，受刑者の社会復帰を支援するために刑務所等の矯正施設において，また，出所後の支援を行う地域生活定着支援センターに社会福祉士が配置されるようになりました。文部科学省は，いじめ，不登校，暴力行為，児童虐待などの児童生徒の問題に対応するため，地方自治体が行うスクールソーシャルワーカー事業に対して人件費等の経費を補助するなど，福祉サー

第3章　こんにちの社会福祉のしくみ　**51**

ビスを必要とする領域が拡大しています。

▼6．福祉サービスの理念

「社会福祉法」の第3条に，福祉サービスの基本理念が次のように定められています。

> 「福祉サービスは，個人の尊厳の保持を旨とし，その内容は，福祉サービスの利用者が心身ともに健やかに育成され，又はその有する能力に応じ自立した日常生活を営むことができるように支援するものとして，良質かつ適切なものでなければならない。」

　少し説明すると，かつては，福祉サービスの提供者側の都合が優先されて，利用者をないがしろにする面や，認知症の高齢者や知的しょうがい者を子ども扱いして，本人の意向を無視するといったことがありました。それを反省して，「個人の尊厳の保持」が理念として謳われたのです。また，高齢者を不必要に寝たきりにするとか，児童の自立を阻害するような事態，施設職員によるしょうがい者への虐待事件も発生しました。そうしたことへの反省があってこの理念が，法律で規定されたのです。

　つぎに，「能力に応じ自立した日常生活を営むことができるよう」という文言には，2つのポイントがあります。第1点は「能力に応じた自立」の部分です。これは，1960年代アメリカにおける自立生活運動のなかから，介助や支援を受けながらの自立という概念が生み出されたことに由来します。第2点は，自己決定権です。たとえ全面的な介助を受けていても，自己決定権が与えられているならば人格的には自立しているという思想が形成されてきたのです。

　福祉サービスを必要とする人びとは，しょうがいや認知症やその他の諸事情で，自分の意思を表明することに不利があります。福祉サービスの提供者側が「本人のため」と称して過度に保護的処遇をしたり，行動に制約をかけ

52　　第Ⅱ部　社会福祉について知る

たりすることもあります。それは本人の意向を尊重しない押し付け，すなわちパターナリズムとして批判されてきました。本人の意思を尊重しながら進めるうえで，高度の専門性が求められるのです。

第4節　社会福祉の費用と財政

▼1．社会保障給付費

　広義の社会福祉である社会保障制度によって行われる年金，医療，福祉サービスなどに要する費用を「社会保障給付費」と呼んでいます。その金額は2013年度の決算で，年間約110兆円でした。国民所得に占める割合は約31.5％となっています。また，人口で割った一人当たり給付費は約87万円になります。

　社会保障給付費を部門別に分類すると，「年金」が全費用の約50％，「医療」が約32％，「福祉その他」が約18％を占めています。「福祉その他」のなかにはさまざまな施策が含まれますが，そのなかでも最も大きいのは「介護対策費用」であり，約8％を占めています。ですから，狭義の社会福祉の費用は生活保護費を含めても全体の10％程度でしかありません（国立社会保障・人口問題研究所，2015）。

▼2．社会保障財源

　次に社会保障の財源を見ておきましょう。社会保障の財源として，もっとも大きい割合を占めるのは，保険料です。2013年度には社会保障総収入のうち保険料収入が49.6％，これに対して，公費は33.9％でした。残り16.5％は積立金の利子などの運用収入や積立金の取り崩しとなっています。

　ところで，社会保障財源を過去にさかのぼって調べてみると，興味深い変化が見られます。1980年度から2000年度までは，「公費」の割合が，1980年度は32.9％でしたが，90年度には24.4％まで低下しています。その背景には，国の財政難があり，税金よりも保険料を引き上げることによって，財

第3章　こんにちの社会福祉のしくみ　**53**

源を確保してきたのです。ところが，それまで上昇傾向にあった事業主による保険料負担が，2000年度の31.4％から2010年度には24.5％へ大幅ダウンしています。被保険者が支払う保険料の割合は，28％前後で大きな変化がありません。その反面，かつては低下傾向にあった公費負担は，この時期に25.7％から35.7％へ上昇しています。つまり，2000年以降は事業主の拠出が低下し，公費負担割合が上昇しています。

▼3．公費負担増大の意味するもの

2000年ぐらいから事業主負担が低下し，国や地方自治体による公費負担が増大していることの意味を考えてみましょう。たとえば，生活保護は全額公費負担ですが，厚生年金の公費負担割合は17％程度というように，一つひとつの福祉制度ごとに公費負担の割合が違います。ということは，公費負担の割合が比較的高い制度の利用者が多くなったために公費負担が増大したといえます。個々の制度の公費負担割合を見てみると，国民健康保険では48.7％，国民年金制度では35.6％，雇用保険では32.5％ですが，後期高齢者医療制度では83％，介護保険制度では70％が公費負担です。後期高齢者医療制度，介護保険，国民年金の老齢基礎年金はすべて高齢者向けの給付ですから，公費負担上昇の原因の1つが高齢化であることは明らかです。

一方，事業主負担が低下する原因として就業構造の変化が挙げられます。「就業構造基本調査結果」（総務省統計局，2013）によれば，日本の正規職員数は長い間，約3,300万人前後で変わっていませんが，非正規職員は毎年のように増加し，2010年度には1,810万人になりました。非正規職員の約70％は「パート・アルバイト」です。企業は正規職員については健康保険，厚生年金，雇用保険等について本人の負担と同額を企業が負担していますが，パート・アルバイトの人の分は企業負担をしなくてよいことになっています。それらの人びとは，国民健康保険や国民年金に加入して，自分の保険料を自分で支払っています。結果として企業が負担を免れ，公費負担が増え，政府がそれを被る形になります。企業はそのような雇用を増やすことによって労働費用を下げ，結果として社会保険の負担を免れている面があると推測する

ことができるでしょう。

　国の財政が借金苦にあえいでいることはよく知られていますが，広義の社会福祉の費用面では，企業の負担が軽減され，公費負担が増大する傾向になっています。そのことは，税と社会保険料を支払う国民の負担だけが増大することを意味しています。社会保障制度を維持するためには消費税増税やむなしとの意見はよく聞かれますが，国民の負担増によって企業負担が軽減されている現実もありますから，消費税増税は止むなしとしても，企業は自己の労働者への労働に見合った保障をする必要があるという意見にも一理あると思われます。

文　献

　国立社会保障・人口問題研究所（2015）「平成 25 年度社会保障費統計」

　大橋謙策（2012）『社会福祉入門』（放送大学教材）放送大学教育振興会

　坂田周一（2014）『社会福祉政策——現代社会と福祉　第 3 版』有斐閣

　総務省統計局（2013）「就業構造基本調査結果」

　山縣文治・岡田忠克編（2016）『よくわかる社会福祉　第 11 版』ミネルヴァ書房

第4章
家族と社会福祉

はじめに

　家族と社会福祉にはどのような関係があるのでしょうか。また両者の関係を媒介しているのはどのような事柄でしょう。その関係は，家族のあり方や社会経済状況の変化に大きく影響を受けています。さらに，そうした変化を背景とした社会政策からも大きな影響を受けています。

　本章では，これらを背景とした両者の関係の変遷についてみなさんに理解していただくとともに，こんにち的な家族の生活ニーズやそのサポートの課題について述べていくこととします。

第1節　こんにちの家族の姿

▼1．家族および家族機能の変化

　もしも，みなさんの父親が病気で寝たきりになったとしたら，あるいは，小さな子どもが突然高熱を出したとしたら，その介護や看護は誰がどのようにしたらいいと考えますか。

　多くの人は，それは家族で解決すべき問題であると考え，介護であれば父の配偶者である母やその子どもたち，子どもの看病であれば，父親や母親が仕事を休むか，祖父母に頼めばよいなどと考えるのではないでしょうか。そこには家族に頼ることができるはずであり，またそうすべきだという先入観があるはずです。なぜなら，家族は愛情で結ばれた関係なのだから。

　けれども，家族を頼ることができなかったらどうしたらよいのでしょうか。

56　第Ⅱ部　社会福祉について知る

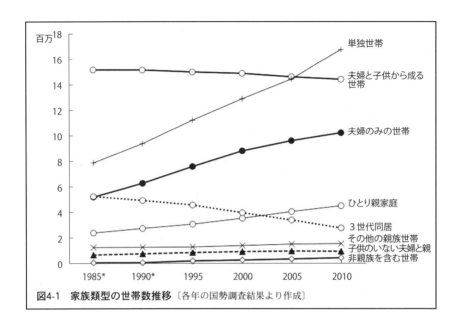

図4-1　家族類型の世帯数推移〔各年の国勢調査結果より作成〕

　また，現実的な問題として，さまざまな生活課題を自分たちのみで解決できるような余裕が現代の家族にはあるのでしょうか。

　みなさんは，現代の日本の家族はどのようなメンバーで構成されている場合が多いと思いますか。まずは統計資料にもとづいて，実際の日本の家族がどのような形になっているかみてみましょう。**図 4-1** に，国勢調査にもとづく 1985 年から 2010 年の 25 年間の家族の形を家族類型の推移として示しました。「単独世帯」が世帯数も伸び率も最も大きく，次いで，「夫婦のみの世帯」「ひとり親と子どもから成る世帯」が増加傾向にあります。つまり，一人暮らしの人が増えてきているということです。なかでも，65 歳以上の高齢者の単独世帯が増加傾向にあるとともに，生涯未婚率（50 歳時の未婚率）も高まっています。これは，家族の小規模化が進んでいるということを意味します。

　家族とは，婚姻や血縁で繋がった人びとが共に暮らすというだけのものでなく，さまざまな機能を持っているとされています。大きく分けて，生殖機能，社会化（教育）機能，経済機能，情緒安定機能，福祉（保健医療）機能

を有すると考えられてきました。しかし，このような家族機能は現代家族にあてはまるとは言い難い状況になってきています。たとえば，生殖機能は結婚という制度によって性的な秩序を維持するとともに，子どもを産むことによって社会の新しい成員を補充するという意味がありますが，今日の少産化傾向や「夫婦のみの世帯」の増加傾向からは，子どもを産むことが家族の必要条件ではなくなっていると考えられます。子どもを育て社会に適応できる人間に教育するという社会化機能も，学校や塾・習い事などに取って代わられた部分が大きくなったと言われています。経済機能は大きく生産活動と消費活動に分けられますが，高度経済成長期（1950年代半ば〜1970年代始め）以前の農林水産業等，第一次産業が中心であった時代には，生産活動を支える場として家族が重要な働きをしていたものの，今日ではその機能をほとんど喪失し，かろうじて消費活動の単位にすぎなくなったといえます。家庭を安らぎの場とする情緒安定機能も，ドメスティック・バイオレンス（配偶者や恋人など親密な関係にある，あるいはあった者から振るわれる暴力）や児童虐待，高齢者虐待の増加が示すように，安らぎの場所とはほど遠い状況がある場合も少なくないことが推察されます。

　家族には他の集団には見られない独特な特徴があります。1つは，子は自分の意志で生まれることができないということでしょう。その反面，多くの親はそんなわが子を新たな家族の一員として慈しみ守ろうとします。また，婚姻により家族を形成したとき，配偶者の両親をはじめとする「家」意識にもとづいた親戚付き合いなどの関係性が，ほぼ自動的に発生します。こういった特徴は前段落で述べた家族の機能を保障し，構成員が社会生活を送るうえで出会うさまざまな困難から守ってくれようとします。しかし，ライフスタイルの多様化が進んだ現代社会においては，そのこと自体が，個々人が自由に生きようとしたときの重荷になることもしばしばあります。

　結婚をするかしないか，子どもを持つか持たないか，結婚後誰と一緒に住むのか，さらに離婚・再婚などといった選択可能性の増大は，「家族の個人化」や「ライフスタイルとしての家族」などという概念で説明され，個々人の幸せ追求の1つの形として認識されるようになってきました。こういった価値観の変化が，地域社会など生活に身近な共同体の関係の希薄化と同時に進

58　　第Ⅱ部　社会福祉について知る

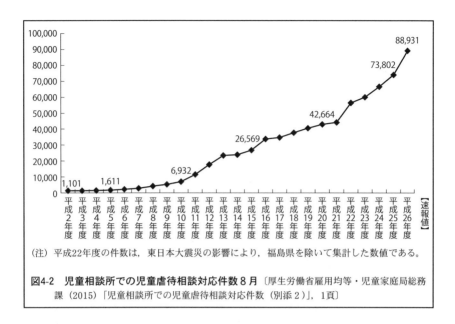

図4-2 児童相談所での児童虐待相談対応件数 8 月〔厚生労働省雇用均等・児童家庭局総務課（2015）「児童相談所での児童虐待相談対応件数（別添2）」，1頁〕

行していることは偶然ではありません。そして，家族規範の弱体化や地域共同体の消失というような変化のなかで，深刻な状況にさらされている人々が決して少なくないことがわかっています。

▼2．現代家族が抱える福祉的課題

現代家族が抱える福祉的課題を考えたとき，最初に思い浮かぶのは児童虐待や介護の問題ではないでしょうか。

児童虐待については，最近では痛ましいニュースに驚かなくなってしまったほど頻繁に報じられているという印象があるかもしれません。実際に児童虐待相談対応件数は年々増加の一途をたどっています（**図 4-2**）。この件数は，あくまでも「相談対応件数」であり，児童虐待に対する認知や意識の高まりが反映されたものと考えられますが，2014（平成 26）年度は 88,931 件となり，統計を取り始めた 1990（平成 2）年度の約 80 倍に増加しています。

主な虐待者は，減少傾向にあるとはいえ実母が約半数を占めています。な

第 4 章　家族と社会福祉　　**59**

ぜ，実の子どもを虐待するのか理解できない，と思う読者もいるかもしれません が，その背景には，経済的問題，夫婦の関係性の問題，親や子の疾病やしょうがい，社会的孤立など，さまざまな要因が複合的に存在していることが明らかになっています。

また，少子高齢化を背景として介護の問題にも深刻な状況があります。『平成26年度　高齢社会白書』によれば，介護保険制度における要介護者又は要支援者と認定された人は，2012（平成24）年度末には561万1千人で増加傾向にあります。そして同居している人が主な介護者となっており，その内訳は，配偶者が25.7％，子が20.9％，子の配偶者が15.2％で，約7割は女性です。高齢者が高齢者の介護をせざるをえない「老老介護」や，認知症の高齢者の介護者自身も高齢で認知症を患っている「認認介護」という状況も増加しており，家族が共倒れする危険性や介護疲れによる心中事件も起こるなど，大きな社会問題となっています。

このようななかで児童虐待と同様，家庭内や施設内で高齢者虐待も起こっています。家庭内に限ってみると，2014（平成26）年度の相談・通報件数は約2万6千件，そのうち虐待と判断された件数は約1万6千件（**図4-3**）です。虐待者は息子が40.3％，次いで夫が19.6％，続いて娘が17.1％であり，同居の有無では虐待者とのみ同居している場合が48.5％で最も多いです。家族形態は「未婚の子と同居」が32.4％，次いで「夫婦のみの世帯」が19.9％と家族規模が小さく，一人で介護を担っている様子が伺えます（厚生労働省，2016）。

家族の形態や機能，そして家族というものに対するわたしたちの意識が変容してきたことは先に述べた通りです。そして，そのなかで，ケアが必要な弱者の問題がクリアできるのかということが重要になりますが，児童虐待や高齢者虐待の現状からは，家族の変化やそれを背景としたケアシステムが，子育てや介護の問題に対応しきれていないと考えざるをえないのではないでしょうか。

このような家族が抱える問題に，社会福祉はどのようにかかわっているのでしょうか，さらにはかかわってきたのでしょうか。次節ではこれについて考えていきたいと思います。

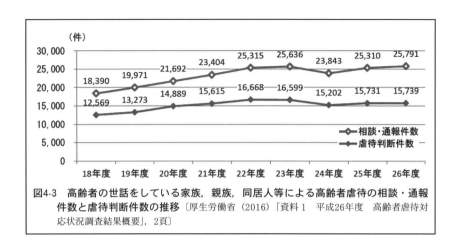

図4-3 高齢者の世話をしている家族，親族，同居人等による高齢者虐待の相談・通報件数と虐待判断件数の推移〔厚生労働省（2016）「資料1 平成26年度 高齢者虐待対応状況調査結果概要」，2頁〕

第2節 家族と社会福祉の関係の変遷

▼1．1990年代以前

　それでは，子育て家族と社会福祉の関係の変遷について，歴史をさかのぼって確認していきたいと思います。

　日本では1990年代に入るまで，家族それ自体の支援を目的にするという意味での家族に焦点をあてた政策（家族政策）は，確たるものとしては形成されてきませんでした。社会福祉施策も，1990年代以前は，子育てをする家族や在宅で高齢者を介護する家族をほとんどその対象とみなさず，もっぱら家族と生活することのできない子どもや高齢者やしょうがい者を家族や地域から切り離して施設でケアする施策がすすめられてきました。

　それは，子どもの養育や老親の扶養・介護を家族の本来的な責任とみる伝統的な家族意識（「家制度」[*1]的な考え方の名残を引き継ぐ）や「男は仕事，

＊1　1898（明治31）年に制定された民法において規定された，家父長制的な日本の家族制度。

女は家事・育児」という固定的な性別役割分担意識が根強くあったこと，さらには直系三世代家族の同居慣行が続いてきたこと[*2]などが背景としてあります。

特に，高度経済成長を背景として社会福祉の充実が訴えられ始めた矢先の1973（昭和48）年10月の第一次オイルショックを契機とした低成長時代を迎えて福祉見直しが叫ばれるなか，欧米諸国に比べれば非常に高い比率であった三世代同居家族の存在を政府が「わが国の福祉における含み資産」ととらえ積極的に評価したことは，日本の社会福祉を考えるうえで大きな意味を持ちます。「家庭基盤の充実」という方向性で国民の福祉を充実させようとしたのです。そして，家庭基盤を充実させる担い手は，主婦であり母である女性が想定されていました。

このような日本型福祉社会論と名づけられた家族だのみの政策は，子育てや高齢者介護に関する社会福祉施策を著しく立ち後れさせることとなりました。さらには，女性が（ひいては男性が）子育てと仕事を両立させることが可能な社会づくりの立ち後れの原因にもなったといえるでしょう。

しかし，人口高齢化の急速な進行のもとで家族の形や構成員の役割分担は大きく変わり，政策の方向付けを見直さざるを得ない状況になっていきました。

▼2．1990年代以降

1990年代以降の政策転換には，出生率の低下が大きく影響しています。1990（平成2）年，厚生省（当時）がまとめた1989年の人口動態統計で，合計特殊出生率（人口統計上，一人の女性が一生に生む子どもの平均数）が1.57と戦後最低になったことが発表され，「1.57ショック」という言葉でマスコミにセンセーショナルに取り上げられて社会問題化されました。

しかし，実際には，日本における少子化は第二次世界大戦後の1950年以

---

*2 『平成19年版 国民生活白書』（内閣府，2007, 30頁）によれば，1980年の65歳以上の親世代と既婚の子ども世帯の同居率は52.5％と高率です。

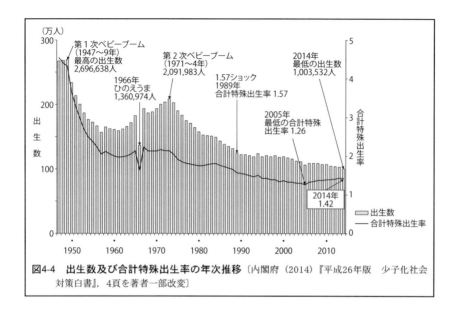

図4-4 　出生数及び合計特殊出生率の年次推移〔内閣府（2014）『平成26年版　少子化社会対策白書』，4頁を著者一部改変〕

降急激にすすんでいたのです（**図4-4**）。1970年代前半までは，合計特殊出生率はほぼ2.1で推移し，人口を維持できる人口置換水準が保たれてきたため大きく問題視されてきませんでした。ところが，1980年代以降は減少傾向が続き，さらに，少子化と相まって高齢化も進行し，1.57ショックを契機に，急速な高齢化のなかでの少子化にどのように対処するかが，重要な政策課題となったのです。ちなみに2014（平成26）年の高齢化率は26.0％に上昇し，4人に1人は65歳以上の高齢者となっています（**図4-5**）。

そして，1990（平成2）年版の厚生白書には，「家族・家庭の有する諸機能の低下に注目し，これを補強・強化していくことを目的とした施策」として「総合的な家庭政策の確立」の必要性が述べられました。このように，子育てや高齢者をめぐる政策は，大きく展開していきました。

「子育て支援」という言葉がさかんに使われるようになったのもこの時期からですが，これに関しては，1994年に「今後の子育て支援のための施設の基本的方向について（エンゼルプラン）」が策定され，保育，雇用，住宅，教育等にわたる総合的な対策が目指されました。その後も引き続き，さまざまなプラン[*3]のもとで施策が展開されてきました。

第4章　家族と社会福祉　　**63**

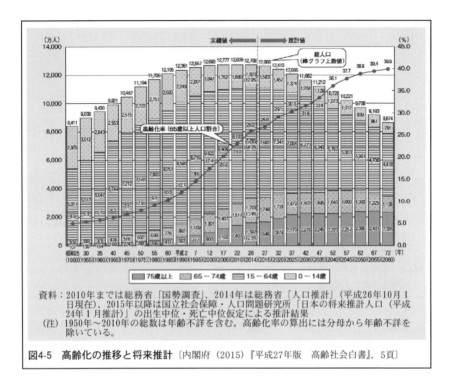

図4-5 高齢化の推移と将来推計〔内閣府（2015）『平成27年版　高齢社会白書』，5頁〕

　一方で，高齢者をめぐっては，1989年に「高齢者保健福祉推進十カ年戦略（ゴールドプラン）」が策定され，在宅福祉や施設福祉の事業について実現を図るべき目標を掲げ，施策が推進されました。そして2000（平成12）年には「介護保険法」が成立し，わたしたちは40歳になると，被保険者として介護保険に加入し，65歳以上になり介護が必要と認定された場合，サービスを受けることができるようになりました。介護は家族に頼るのではなく，社会全体で解決する問題だという合意形成がなされたとも言われています。

＊3　エンゼルプラン（1995年度～1999年度），新エンゼルプラン（2000年度～2004年度），子ども子育て応援プラン（2005年度～2009年度）などのプランが策定されるとともに，少子化社会対策基本法（2003年9月施行），次世代育成支援対策推進法（2003年7月から段階施行）が制定され，子ども・子育て関連3法（2015年4月施行）では，保育制度について抜本的な制度改革がなされています。

第3節 「家族(依存)主義」を超えて

　第2節で述べたように，家族と社会福祉をめぐる状況に対しては1990年前後を境に政策的対応がとられ，大きく進展していきました。しかし，先に見た通り，児童虐待も高齢者虐待も後を絶たない現実があります。なぜなのでしょうか。

　たとえば，子育て中の保護者が保育所または学童保育施設に子どもの入所申請をしているにもかかわらず入所できない状態をいう待機児童は，都市部を中心に解消されていません。同じように高齢者福祉施設の1つである特別養護老人ホームに入所できていない高齢者も増加する一方です。つまり，家族や本人のニーズに応えるサービス提供が十分に可能な状況がいまだ整っていないことに加え，子育てや介護と仕事を両立することが可能なワーク・ライフ・バランス(仕事と生活の調和)の実現が十分になされている状況でもありません。

　特に，日本の子育てに関する家族分野への社会保障給付費(出産・育児給付，養育給付，保育関係給付，要養護児童への支出など)，公的教育支出は，主要先進諸国に比べると低く，強い家族主義と市場主義を特徴としてきました。そのため，学歴達成なども家族の経済状況に左右され，不利な状況にある子どもほど，教育機会が奪われ社会的自立が困難な状況となっています。

　これらには，財源上の制約という側面が大きく関連しており，1990年代以降も家族を社会的に支援していくということが主張される一方で，政府は一貫して，保育や介護面で家族が一定の責任を引き受ける必要性，多様な民間サービスを積極的に活用する必要性等を主張してきました。ここには，「自助，共助，公助のシステムが適切に組み合わされた重層的な福祉構造を創出する」という考え方が，1980年代から引き継がれています。現在では「互助」も加えられ[*4]，「共助」「公助」の大幅な拡充を期待することが財政的に難しいため，「自助」「互助」の果たす役割が強調されています。

　しかし，これまで見てきた通り，「自助」の役割を期待される「家族」は大きく変容してきているとともに，現実には，家族を取り巻く地域との関係

は希薄化しています。

そのため，家族を取り巻く基盤を，自助，互助のみならず，共助，公助も含めさまざまな形で整え関係性を維持・構築することが求められています。人間は「関係」のなかでしか存在できません。公的機関がやってくれるだろうというお任せ主義ではなく，社会全体がさまざまな形で助け合う姿勢やしくみが必要です。そのなかで，家族を支えていくことが不可欠なのです。

また，そのときの「家族」とは，いわゆる普通の家族に限らず，ひとり親家族，ステップファミリー，養子縁組家族，里親家族，外国籍家族，同性婚家族など，多種多様であり，その構成員の一人ひとりがみなそれぞれ幸せを願って暮らしている場であるということを強調したいと思います。

文　献

地域包括ケア研究会（2013）「地域包括ケアシステム構築における今後の検討のための論点」三菱ＵＦＪリサーチ＆コンサルティング

原 史子（2010）「子育て」杉本貴代栄編著『女性学入門』ミネルヴァ書房，83-102 頁

原田純孝（1995）「現代家族政策と福祉」『ジュリスト増刊　福祉を創る──21 世紀の福祉展望』有斐閣，21-33 頁

厚生労働省（2016）「資料 1　平成 26 年度　高齢者虐待対応状況調査結果概要」

厚生労働省雇用均等・児童家庭局総務課（2015）「児童相談所での児童虐待相談対応件数（別添 2）」

内閣府（2007）『平成 19 年版　国民生活白書』

内閣府（2014）『平成 26 年版　少子化社会対策白書』

内閣府（2015）『平成 27 年版　高齢社会白書』

＊4　地域包括ケア研究会（2013）によれば，「自助」は「自分のことを自分でする」ことに加え，市場サービスの購入も含まれます。「共助」は介護保険などリスクを共有する仲間（被保険者）の負担であり，「公助」は税による公の負担，「互助」は，相互に支え合っているという意味で「共助」と共通点がありますが，費用負担が制度的に裏付けられていない自発的なもの，と説明されています。

第5章
地域社会と福祉

はじめに

　本章では，地域社会と福祉の関係について，地域社会における関係性の希薄化に焦点をあてて考えてみたいと思います。今日，無縁社会や「弱者」に冷たい社会が顕在化していますが，人口減少のもと，人々がつながり，支え合って誰もが安心して暮らせる地域がより求められています。そのためにはどのような活動や政策が求められるのか考えてみましょう。

第1節　地域社会の現状

▼1．地域社会とわたしたち

　地域社会とは，わたしたちの生活の場です。生活の場というのは地理的な空間のことですが，近隣から町内，小学校区，中学校区，市町村，県，東北・東海などの地方，さらに日本，アジアなど広範な空間までを意味しています。それらのなかでわたしたちの日常生活にもっとも深くかかわっているのは近隣や町内，小学校区などの地域です。わたしたちは，この地域を基盤に日常生活を営んでいます。そしてその地域という意味は，日常生活の営みのなかにも含まれています。わたしたちは日々の生活を誰かとのつながり，関係のなかで営んでいるからです。

　わたしたちは，一人で，もしくは家族とともに地域社会にある家を拠点としながらも家の外の人びと，学校の友人であったり，地域のクラブ，サーク

第5章　地域社会と福祉　**67**

ルであったり，職場の同僚など多様な人びととの共同・つながりのなかで生活しています。

　生活を営むなかで，わたしたちは，家から一歩外にでると公共の道路を歩き，その道路沿いには桜並木があったり，公園があったり，そして，バスや電車などの公共交通機関を使い，さらに図書館や体育館を利用したり，近所のコンビニやスーパーで買い物をしたり，病気になったら病院に行くなど，共有する多様な社会資源，社会サービスを利用しています。それらの地域社会の環境や社会資源，社会サービスは，地域の人びととの共同によって支えられているのです。

　その生活の共同とは，道路をつくり，整備する人びと，バスや電車を運転したり，図書館を管理する人びとなど，多様な人びととの関係のなかにあります。さらにたとえば図書館の本は日本のものにとどまらず，世界各国，そして現代の作家から古代の作家の本まであります。コンビニで売られている商品も，沖縄や北海道で生産されている農作物から北欧や東南アジアで生産されているものまであります。このように世界中でつくられたさまざまなモノや，さまざまな人びとによるサービスに囲まれて，わたしたちの生活は成り立っているのです。

▼2．無縁社会とは

　わたしたちの生活は，多様な人びと，モノ，サービスに囲まれて営まれています。現代社会とは，そのような人やモノ，サービスとつながることによって一人ひとりの生活が安定して営まれる社会です。にもかかわらず，そのつながりが細くなり，切れてしまう人びとが増加しつつあることが大きな課題となっています。誰にも看取られずに亡くなる人たちの存在が，2010年にマスコミによってとてもショッキングに伝えられました。そこで「無縁社会」という言葉が使われたのです。

　無縁社会とは，誰にも看取られず亡くなる人たちが増加していることを象徴した言葉ですが，問題なのは，死の時点ではなく，そこに至るまでずっと孤立していたということです。そしてそれは独居高齢者の問題にとどまらず，

68　第II部　社会福祉について知る

若者であっても家族を形成していても，つながりをもたない人びとが増加していることが無縁社会の本質であり，課題といえるでしょう。

　縁とは人とのつながりを意味しますが，従来わたしたちは血縁という家族や親族とのつながり，社縁という職場や仕事によるつながり，さらに地縁という近隣とのつながりのなかで生活の安定を確保してきました。家族のなかで食事や掃除などを分担しながら日常生活を営み，職場や会社のなかでは，仕事を分担しあうにとどまらず，福利厚生や社会保障なども含めて住居や病気になったときにも対応できていたのです。さらに近所でもお互いに声をかけあったり，地域の掃除やお祭りなども行われていました。しかし近年それらの関係が弱くなり，そのような縁のない人びとが増加し，孤立死，ひきこもりや児童・高齢者虐待などの孤立による問題が出てきています。

▼3．「弱者」に冷たい地域社会

　1982年から83年にかけて横浜でホームレスの人びとを若者が襲撃し，3人が死亡，13人が重軽傷を負った事件が発生しました。犯人は，市内の中学生5人を含む14歳から16歳の少年10人でした。少年たちは逮捕されたとき，「胸がスカッとした」「おもしろかった」などと語ったそうです。このような事件は，こんにちに至るまで全国各地で発生し続けています。

　また，精神しょうがい者の施設や認知症の人たちのグループホームの建設に反対する住民運動も各地で起きています。これは社会福祉施設が「迷惑施設」として位置づけられ，地域のなかで施設対住民の対立（コンフリクト）が起きているということを意味します。このような社会福祉施設の対立の背景には，精神しょうがいを持つ人たちや認知症の高齢者が身近な地域にいることは危険であるという差別や偏見があります。

　さらに近年は外国籍の人びとに対するヘイトスピーチも深刻な問題となっています。ヘイトスピーチとは人種差別・排外主義による行動といえます。東京都新宿区の新大久保で行われた排外主義デモでは「良い韓国人も悪い韓国人もどちらも殺せ」というジェノサイド（大量虐殺）を扇動する言葉が使われたそうです。

第5章　地域社会と福祉　**69**

以上のようにホームレス，精神しょうがいを持つ人，認知症の高齢者，在日韓国・朝鮮人などの外国籍の人など少数で，弱い立場の人びとが差別，排除される現実があります。このような排除の問題は，学校や職場のいじめやハラスメントともつながる人権侵害の問題です。

　地域社会には，子どもやしょうがいを持つ人，高齢者，ホームレス，ひきこもり，国籍や文化，言語の異なる外国籍の人など多様な属性をもつ人たちが生活しています。そのような弱い立場の人たちは地域社会から排除される傾向にあります。弱者に冷たい地域社会が存在しているのです。

第2節　新たなつながり

▼1．つながりとNPO・ボランティア

　わたしたちはつながりのなかで生活を営んでいますが，そのつながりが希薄化しつつあるのが無縁社会と称される地域社会の現状です。ここでは血縁，地縁，社縁という従来のつながりとは異なる，新たなつながりについて考えてみたいと思います。

　内閣府の共助社会づくり懇談会では，「個人の多様な価値観や意思が尊重されながら，新たな〈つながり〉が構築され，全員で作り上げていく社会」を「共助社会」と提起しています。そしてこの新たなつながりの担い手として①地域住民，②地縁組織，③NPO等，④企業，⑤ソーシャルビジネス，⑥地域金融機関，⑦教育機関，⑧行政を位置づけています。

　これらは地域にある主な組織や機関ですが，NPOとソーシャルビジネスは近年注目を集めつつある新しい組織です。NPOは"Not for Profit Organization"の略で，「非営利組織」という意味です。その定義は，①政府の支配に属さない民間であること，②利益を構成員に分配せず，活動目的のための費用にあてるという意味で非営利であること，③社会のなかで責任ある体制で継続的に存在する独立した組織であること，です。つまり社会的な使命を目的とした民間非営利組織です。さらにソーシャルビジネスとは，ビジネスの手法をもちいながら地域や社会の課題に継続的に取り組む事業を

70　　第Ⅱ部　社会福祉について知る

指します。

　共助社会づくり懇談会では，共助社会実現の道筋として①つながりの構築，②地域の活性化，③参加の促進という3つの姿が提示されていますが，下に示したNPO等の役割には大きな期待がもたれています。

①NPO等の活動を通じた人と人との新しいつながりの構築
②「顔が見える」参加のしくみを通じたNPO等の活動への共感者の増加
③専門家との連携による効果的なコンサルティングの実施
④女性・高齢者・若年層の参加を通じたNPO等の活動領域の拡大

　NPOは社会的使命を共有する人びとの組織ですが，その担い手の核はボランティアです。ボランティアの本質は自発性であり，ボランティアが自発的に行動するきっかけは，地域のなかの困難な状況です。そして「その状況を〈他人の問題〉として自分から切り離したものとはみなさず，自分も困難を抱える一人としてその人にむすびついているという〈かかわり方〉をし，その状況を改善すべく，働きかけ，〈つながり〉をつけようとする人」（金子，1992）がボランティアです。

　ボランティアの多くは「弱い」立場の人たちの問題を他人の問題とせず，自分につながる問題として捉え，その問題を解決しようと行動する人びとです。自分自身も弱者になる可能性があること，弱者を排除する地域社会を変えていきたいと自ら行動を起こす人がボランティアなのです。

▼2. ボランティア元年とNPO法

　1995年に起きた阪神・淡路大震災は，約6,400名もの方々が亡くなり，多くのビルや家屋が倒壊しました。TVなどを通してその被害状況が全国に伝わり，瓦礫の下敷きになった人びと，厳冬のなか公園でテント生活をしている人びとがいる被災地に，ただちに駆けつけ，生命を救い，避難所での過酷な生活を支えたのは，行政でも企業でもなく，地域の人びとやボランティ

アでした。災害弱者と言われるしょうがい者，高齢者，外国籍の人びとへも迅速で適切な支援が行われました。駆けつけたボランティアたちは，被災地の状況を「他人の問題」ではなく，その状況にかかわろうと自発的に行動を起こしたのです。

　このようなボランティア活動が評価され，1995年はボランティア元年と呼ばれています。その後1998年には，ボランティア活動・組織を支援する特定非営利活動促進法（通称NPO法）が制定されました。

　さらに2011年3月11日に起きた東日本大震災は，地震・津波・原発事故による複合型大震災といわれ，死者・行方不明者は約18,000人という未曾有の甚大な被害が出てしまいました。被災地域が広大であり，交通手段が限られるなかでも多くのボランティアが迅速に被災地に駆けつけ，全国，世界各地からのボランティアによる救援活動が行われました。なかでも阪神・淡路大震災当時に生まれた「足湯ボランティア」の活動は，被災者の心に寄り添い，心身を癒す活動であると同時に被災者の思いがつぶやかれる支援として東日本大震災の被災地でも継続的に行われています。

　また，被災地でのボランティア活動は，震災時だけの活動にとどまらず，その地域の復興に向けて，さらには他の地域の災害時にも駆けつけるなど，継続的に行われています。そのうえ，震災ボランティアは，ネットワークをつくり，各地にその活動が広がり，情報や支援方法の共有もなされ，つながりが継続・拡大・発展していっているのです。

▼3．NPO・協同組合

　ボランティア活動とは，災害時だけでなく，福祉，教育，環境など多様な場面にかかわるものですが，その活動を責任もって継続的に行うためには組織が必要になります。このボランティア組織を支えるための法律が，NPO法です。NPO法によって，「不特定かつ多数のものの利益の増進に寄与することを目的」とする福祉や街づくりなど17分野の活動を行うボランティア組織がNPO法人格を取得し，社会的な責任のもと継続的に非営利活動・事業を展開することができるようになりました。

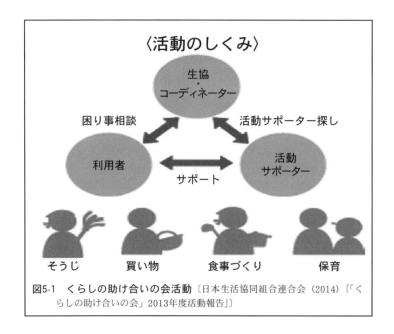

図5-1 くらしの助け合いの会活動〔日本生活協同組合連合会（2014）「「くらしの助け合いの会」2013年度活動報告」〕

　また困った時はお互い様という相互扶助の原理をもつ組織として協同組合があります。協同組合とは，人びとの自治的な組織であり，自発的に手を結んだ人びとが，共同で所有し民主的に管理する事業体を通じて，共通の経済的，社会的，文化的なニーズと願いをかなえることを目的とする組織です。

　協同組合は，イギリスで誕生した組織であり，世界中に広がっていますが，日本でも生活協同組合，農業協同組合（JA），漁業協同組合，労働者協同組合，医療協同組合など多様な協同組合があります。震災時にも，多くの協同組合がボランティアで支援事業を展開しました。また高齢化に伴って増大した介護ニーズに対応するために福祉・介護事業を展開するとともに，生活支援や介護予防のための健康づくりなどを行うくらしの助け合い活動にも積極的に取り組んでいます。

　協同組合のくらしの助け合いの会は，生協やJAなどの組合員が生協の理念である「一人はみんなのためにみんなは一人のために」を実体化した組織として生み出したものです。具体的には図5-1のように，日常生活のなかで子育て世帯や高齢者世帯などの困り事の相談にのり，その問題を解決するた

第5章　地域社会と福祉　73

めの生活支援を有償もしくは無償のボランティア活動として担っています。

第3節　地域で生きることを支える

▼1．コミュニティ・ケア

　わたしたちは，住みなれた地域で最期まで生活することができるでしょうか。誰もが最期まで地域で生活するためには「コミュニティ・ケア」という支援方法が不可欠です。コミュニティ・ケアとは，イギリスで始まった取り組みです。当初 "Care by the Community" という言葉で表現されていました。これは，「地域の人びとによるケア」という意味です。1950，60年代は，ヨーロッパでも施設福祉が中心でした。しかし施設での生活は，家族，地域社会との関係を切ってしまうため，発達が遅れたり，人間関係が脆弱化するなど深刻な問題があらわれてしまったのです。そこで，親のいない子どもたちや精神・身体・知的などのしょうがいを持った人びとが，地域社会のなかで生活できるようにするための新しい支援方法として，コミュニティ・ケアが誕生したのです。

　さらに "Care in the Community" という専門職が病院や施設から地域に出ていく支援方法がすすめられました。具体的には，訪問看護やホームヘルプサービスなどです。つまり，コミュニティ・ケアとは，すべての人びとが地域社会のなかで生活できるように地域の人びとと専門職によって支援する方法のことなのです。

　また，コミュニティ・ケアと同じ考え方として，デンマークのバンク・ミケルセンが提唱したノーマライゼーションという理念があります。ミケルセンはたとえそのしょうがいがどれほど重いものであっても，人は他の人びととまったく平等であり，法的にも同じ権利をもっている。彼らの人としての権利が実現するような社会の状態をつくりだしていかなければならないと言っています。

74　　第Ⅱ部　社会福祉について知る

▼2. 地方自治体と地域福祉計画

　わたしたちは，どこの地域で生活していてもその基本的人権や社会福祉，社会保障，公衆衛生などが保障される権利をもっています。そしてその権利は，国とともに地方自治体が保障する責任があります。地方自治体は地方政府とも位置づけられ，住民参加による地域づくりの責任主体となります。そのような地方自治体が策定する計画の1つが，市町村地域福祉計画です。地域福祉計画とは，2000年に改正された社会福祉法の第1条で目的とされた地域福祉の推進を達成するためのものです。

　地方自治を担う市町村は，地域総合計画を策定する義務をもっています。地域総合計画とは，市町村が議会の承認を経て策定する生活基盤整備や生活環境，産業振興，教育・福祉・医療等行政運営全般に関する長期総合計画です。この計画は各市町村の地域特性に沿って，さらに国の全国総合開発計画の影響を受けて策定されるものです。

　以上のような総合的な計画のもと，多くの分野の個別的な社会計画があります。そのなかに老人保健福祉計画，介護保険事業計画，児童育成計画，障害者計画，医療計画などの社会計画も位置づけられています。地域福祉計画も社会計画ですが，その特徴は，従来の社会計画とは大きく異なります。地域福祉計画は，社会福祉の総合計画であると同時に地域福祉を基軸として市町村行政を再編する可能性をもっています。

　つまり従来の市町村行政は，道路や建物などハード面を中心として政策が展開されてきましたが，今後は住民の子育てや介護などソフト面である生活を中心としたものに変えていくということです。そのためにも地域福祉計画の策定は，住民参加を前提としており，住民の生活ニーズに沿って，地域の生活問題を解決し，誰もが安心して生活できるための政策や社会サービスを具体的に市町村の地域福祉計画として策定し，推進していくことが求められているのです。その際，住民参加と同時に民間の市町村社会福祉協議会やNPOなどとの協働が重要な課題となってきます。

第5章　地域社会と福祉　**75**

▼3．地域包括ケアシステム

　わたしたちの生活の場である地域社会は，今日，超高齢社会であると同時に人口減少社会です。人口減少社会とは，総人口数が減少する社会のことですが，その主な原因は少子化にあります。そして同時に超高齢社会であることから，わたしたちの地域社会は要支援・介護高齢者が増え，支援する専門職も担い手も減少する社会となります。

　そのような地域社会で，高齢者虐待，介護殺人，孤立死の発生は後を絶ちません。2015 年 2 月には岩手県で 64 歳の息子の急死後，91 歳の母も亡くなり，親子の遺体が発見されるという孤立死が発生しました。このように孤立死とは単身世帯だけではなく，どのような家族形態であれ起こりうるのです。さらに高齢者虐待は 15,739 件（2014 年度）となり，増加傾向にあります。もはや家族に大きな役割を担わせる介護は限界といえるでしょう。

　高齢化が急速に進展し，要支援・要介護高齢者が増大するなかで，家族介護から社会的介護を目指して 1997 年に介護保険法が制定され，2000 年に実施されました。介護保険法では在宅介護が目指されることになり，ホームヘルプサービスやデイサービスなどの在宅介護サービスも増加していきました。しかし，介護ニーズは増加する一方で，それに対応できるサービスは不足し，2005 年の介護保険法改正によって介護予防に重点をおく介護政策へと大きく転換しました。さらに国の財政危機なども背景に 2013 年に医療介護総合法が成立し，医療・介護サービスの効率化・重点化を図るとして，医療・介護を一体化し，そこでは保険料・利用料の自己負担の増加と医療・介護サービスの縮小が示されたのです。

　その一方，重度な要介護状態となっても住み慣れた地域で自分らしい暮らしを最期まで続けることができるよう，住まい・医療・介護・予防・生活支援が一体的に提供される「地域包括ケアシステム」（**図 5-2**）が提起されました。その後，2015 年 9 月には「誰もが支え合う地域の構築に向けた福祉サービスの実現—新たな時代に対応した福祉の提供ビジョン—」が示され，すべての人が地域で支え合って暮らすことが目指されています。

76　第Ⅱ部　社会福祉について知る

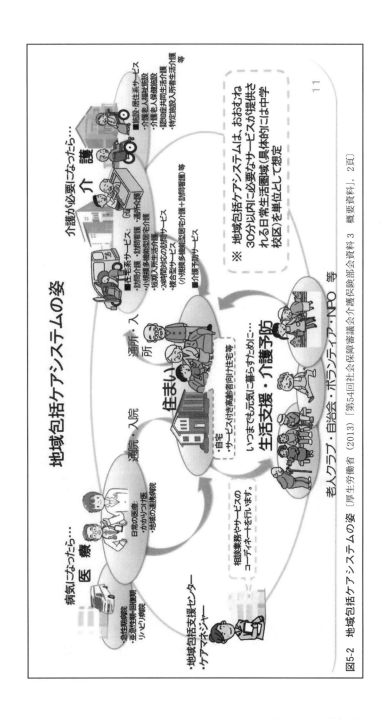

図5-2 地域包括ケアシステムの姿 (厚生労働省 (2013)「第54回社会保障審議会介護保険部会資料3 概要資料」, 2頁)

第5章 地域社会と福祉　77

第4節　地域づくり

▼1．行方不明高齢者の問題を地域の問題に

　超高齢社会とは，65歳以上の高齢者が増大し，その割合が21％を超える社会です。そのような社会では要支援，要介護の人びとが多くなります。なかでも認知症の人が増加することが大きな課題となると思われます。わたしたちは軽度認知症を含めると高齢者の4人に1人が認知症になる時代を迎えているのです。

　2012年に大阪市の路上で身元不明の高齢者が警察に保護されました。その認知症の男性は太郎さんという仮の名前で，2年以上施設で暮らしていたというのです。新聞社などが報道したことで，家族と再会できました。認知症になった男性は行方不明になる前，家族にずっと見守られながら自宅で生活していたそうです。しかし家族と一緒にバスを待つほんの少しの間にはぐれてしまったようです。認知症の人の家族が，介護をしつつ24時間いつも目を離さないでいることは不可能といえるでしょう。同じように行方不明になった認知症の人は2013年に約10,300人に上ったと公表されています。

　認知症の人たちは記憶障害があり，「徘徊」といって，外出した際に自宅に一人で帰れなくなることがあります。したがって認知症の人が行方不明になることは特定の人の問題ではなく，全国どこにでも起こりうる問題であり，そのような認知症の人たちの問題は，自分自身，家族も含めすべての人が共有する地域の問題なのです。

　そのような認知症の人の問題を地域の問題として位置づけ，安心して「徘徊」できる町づくりを推進している地域があります。福岡県大牟田市では，認知症の人たちが外出先で行方不明になったり，事故に遭ったりしないために地域の人びとができることを話し合い，そのなかから「SOSネットワーク」という取り組みが生まれています。行方不明者の届けが警察にあると，交通事業者，消防，郵便局，一般の登録住民にもその人の名前や特徴，写真がファックスやメールで伝えられ，協力して捜査にあたるのです。

78　第Ⅱ部　社会福祉について知る

このような取り組みによって，認知症高齢者の問題だけでなく，子育てで悩む母親やしょうがいをもつ人たちや一人暮らしの高齢者などの問題も地域の問題として捉え，解決することができる町，すべての人びとが安心してくらせる町づくりにつながっています。

▼2. コミュニティ・ソーシャルワーカー

2000年に改正された社会福祉法では，地域福祉の推進が目的として掲げられ，その推進主体として社会福祉協議会が位置づけられています。社会福祉協議会とは，戦後GHQ（連合国軍総司令部）による日本の社会福祉の民主化政策のなかで，民間福祉を担う組織として誕生したものです。

社会福祉協議会は，住民自らが，地域の問題を明らかにし，その問題を解決するために目標を設定し，その実現をめざして社会資源の動員や自ら行動を起こしていくという地域福祉援助を担う組織です。住民が自ら主体的に行動していくことを支援するのが社会福祉協議会の職員であるコミュニティ・ソーシャルワーカーの役割です。

コミュニティ・ソーシャルワーカーは，地域のなかで潜在化しがちな行方不明の認知症高齢者，子育てに悩む孤立した母親，ひきこもりの人たちなどの多様な生活問題を住民とともに明らかにし，それらの個別の問題がその地域社会の問題であることを多くの住民を巻き込みながら学習し，その問題解決方法を検討し，問題解決のプログラムやサービスを開発していくという役割をもっています。

たとえば地域のゴミ屋敷の問題について，近隣の人から苦情として社会福祉協議会に連絡が入るとコミュニティ・ソーシャルワーカーは，まず当事者であるゴミ屋敷の住民を訪問します。1回の訪問で心を開いてくれることはほとんどないので，何回か粘り強く声をかけ，その思いを受け止める努力を続けます。やがてゴミ屋敷のドアが開き，中にいる高齢者の相談を受けることができるようになります。そのなかで，高齢者が長年孤立し，家族も近隣との付き合いもなくなってしまったこと，体調が悪かったことなどが明らかになり，1つひとつの問題を受け止めるなかで，ゴミ屋敷の環境を改善する

第5章　地域社会と福祉　**79**

取り組みへとつながっていくのです。近隣の住民も当初はゴミの悪臭や火事への心配から苦情を言っていましたが，当事者の孤立感などを理解するにつれ，ゴミ屋敷問題は他人事ではないことに気づくようになります。

このように地域のゴミ屋敷問題から地域の高齢者の孤立の問題が明らかになり，その解決方法として地域の住民，ボランティア，専門職が協働でゴミ屋敷の環境を改善し，さらにその高齢者が孤立しないように地域のなかで高齢者が集まれるサロンなどを開設することができます。そのような地域のサロンは高齢者だけでなく，子育て中の母親やひきこもりの人など多様な人たちの居場所となります。

▼3. 地域再生

地域社会には多様な問題があります。それらの問題は，その地域の住民自身で共有し，コミュニティ・ソーシャルワーカーなどの専門職との協働によって解決していく必要があります。その地域社会が直面しつつある最も深刻な課題は，地域の崩壊・消滅の問題です。

序章でもみたように，2014年に「日本創生会議」は，全国1,700を超える市区町村のうち「896自治体が2040年に消滅の危機に直面する」と発表しました。市区町村が消滅するとはいうまでもなく，最終的に人口がゼロになり地域社会が消滅するということです。

地域社会の消滅とは高齢者が増加し，やがてその高齢者が死亡することによって誰もいなくなる問題として紹介されることが多いようです。しかし，わたしたちが地域社会のなかで年を重ねれば，同時に次の世代が生まれ，またその世代が家族をつくり生活をするようになります。地域社会とは，世代が次の世代につながっている共同の空間といえます。

つまり，地域が消滅するという問題の本質は，地域社会のなかで高齢者の次の世代である若い人びとや子どもたちがいなくなる点にあるのです。逆に見れば，地域の消滅は必然的なものではありません。地域社会で，子どもが生まれ，若者が仕事ができるような地域再生が課題となります。

地域再生の取り組みは各地で展開されつつあります。そのなかの1つと

80　第Ⅱ部　社会福祉について知る

して，岐阜県高山市にあるNPO法人ムラのミライの活動を紹介しましょう。ムラのミライは，1993 年から南インドの農村地域で，最貧困層の経済的自立や子どもの教育などの支援活動を行っていました。1999 年には水力発電にも取り組み，日本からインドへのスタディツアーも展開しています。そのような活動のなかでインドの人から「子どもたちにより良い生活を送ってほしいと思い，町の学校に通わすのだが，子どもたちが帰ってこない。帰ってきたとしても，学んだことを活かす仕事がありません。どうしたらいいのでしょう」と問われたそうです。

　日本もインドと同じ構造的な課題を抱えていることに気づき，その問いに答えるため，ムラのミライは日本での地域再生にも取り組み始めました。2011 年から高山市の過疎地域での買い物支援や空き家での 3 世代交流，さらには地元企業での若者たちのインターンシップ受け入れなど多様な地域再生の活動を本格的に展開しています。このような取り組みが，高齢者から次世代へとつながりのある地域をつくっていくことになるのです。高齢者，子ども，しょうがいを持つ人びと，外国籍の人びとが世代を超えてつながっていくことによって，誰もが安心して暮らせる，持続可能な地域社会になることでしょう。

文　献

花村春樹（1994）『「ノーマリゼーションの父」N・E・バンク-ミケルセン』ミネルヴァ書房

金子郁容（1992）『ボランティア——もうひとつの情報社会』岩波書店

厚生労働省（2013）「第 54 回社会保障審議会介護保険部会資料 3　概要資料」

毎日新聞特別報道グループ編著（2014）『老いてさまよう——認知症の人はいま』毎日新聞社

日本生活協同組合連合会（2014）「「くらしの助け合いの会」2013 年度活動報告」

三本松政之・朝倉美江編（2007）『福祉ボランティア論』有斐閣

武川正吾編（2005）『地域福祉計画——ガバナンス時代の社会福祉計画』有斐閣

山下祐介（2012）『限界集落の真実——過疎の村は消えるか？』筑摩書房

第6章
しょうがいのある人と生きること

はじめに

みなさんにとってしょうがいのある人は，高齢者や子どもにくらべて身近ではない存在かもしれません。本章ではしょうがいのある人の立場に立って考えることを基本に，社会とのかかわりからしょうがいをとらえていくことの大切さについて述べていきます。そしてしょうがいやしょうがいのある人のことを，わたしたちのこととして考えていくための論点を示していきたいと思います。

第1節 "しょうがい"と"障害"は違うのか？ ——"当事者主権"の考え方

▼1. 当事者の立場に立つこと

本章のタイトルが，なぜ「障害のある人」ではなく，「しょうがいのある人」なのだろうか？ と気づいたあなたは，しょうがいのある人の社会福祉を考える第一歩を踏み出したといえます。つまり"しょうがい"と"障害"の間には，単なる表記の違いにとどまらない，しょうがいのある人の社会福祉を考えるうえでの重要な視点が含まれているのです。

近年になってこれまで一般的に使われてきた「障害」の表記だけではなく，「障がい」や「しょうがい」の表記が使われるようになりました。広辞苑では，「障害」の「障」は「さまたげること。じゃまをすること」，「害」は「そこなうこと。悪くすること。さわり。わざわい。さまたげ」と説明されていま

82　第Ⅱ部　社会福祉について知る

す。特に「害」には，「公害」や「害虫」などを連想させるマイナスイメージがあります。もし自分を表す言葉にそのような意味の「害」が使われていたとしたら，あなたならどのように感じるでしょうか？　つまり"しょうがい"と"障害"の間には，しょうがいのある当事者の立場に立ったときに，「障害」と書かれることがどのように感じられるのかという違いが含まれているのです。（本書では，基本的に「しょうがい」の表記を用いますが，法律や文献などで用いられているもの，すでに「障害」の表記で単語として成立しているものについては，「障害」を用いることとします。）

　このようにこんにちでは，しょうがいのある当事者の気持ちを第一に尊重すること，そしてそれを支援やサービスに反映していくことが主流となっています。みなさんには当事者の立場に立った支援は当然のことだと感じられるかもしれません。しかしこのような考え方が浸透してきたのは，そう昔のことではないのです。しょうがいのある人が，支援者をはじめとしたしょうがいのない人に対して，自分の気持ちや意見を表明できる環境が整うようになるまでには，しょうがいのある人たちの運動を通した，しょうがいのない人たちの意識を変革するための闘争の歴史があったのです。

▼2．当事者運動——勝ち取られてきた権利

　数十年前までは，しょうがいのある人にとって自分で選べる将来の選択肢はごく限られたものでした。重いしょうがいのある人であれば，学校を卒業してもずっと生まれ育った家庭で，親，もしくはきょうだいの介護を受けながらすごすことが一般的でしたし，家族の介護力に限界があるときのみ，その生活の場が入所施設に変わるというものでした。加えてその頃の施設は社会から隔離されたような場所につくられることが多く，その生活は定時の食事や消灯時間，外出が制限されるなど，さまざまな規則に縛られたものでした。そこではしょうがいのある人自身の意見や希望が聞かれることはなく，もっぱら保護者や専門家がしょうがいのある人の生活や人生の決定権を持っていました。

　この状況にNOを突きつけたのが，1970年代以降のしょうがいのある当

第6章　しょうがいのある人と生きること　**83**

事者たちによる「障害者解放運動」であり，1980年代に起こった「自立生活運動」です。自立生活運動では，重いしょうがいのある人たちが家庭や施設を出てアパートなどを借り，介助者を自分たちで確保して地域での生活を始めました。この運動は当事者にとって大変過酷といえるものでした。なぜなら所得も十分にあるわけではないなかで，ボランティアなどとともに，自分の力で衣食住と介助を調達しなければならない生活は，一日たりとも介助[*1]なしでは生きられない重いしょうがいのある人たちにとって毎日が綱渡りの生活です。しかしそれでもなお，当事者たちはそれらが保障された家庭や施設よりも，自由があり，自分のことは自分で決められる地域生活を望みました。このような当事者たちのまさに体を張った運動の歴史を経て，重いしょうがいのある人が一人でも地域生活を送っていけるような福祉サービスや制度が整ってきました。

　これらの運動を通して達成されてきたのが，自立生活運動のスローガンでもあった"Nothing About Us Without Us"（わたしたちのことを，わたしたち抜きに決めないで），すなわちわたしこそがわたしのことを決められる主権者なのだという「当事者主権」の考え方です[*2]。2006年に国連で採択された，しょうがいのある人の権利を謳った障害者権利条約が，日本では2014年にようやく批准されました。この条約でも，しょうがいのある人に関係することを決定する場合には，当事者が参画し，意見を尊重して決定するべきと謳われています。"当事者主権"の考え方とはまさに，当事者自身によって勝ち取られてきた権利といえるのです。

＊1　本章では「介護」と「介助」を意図的に使い分けています。「介護」には，「護」という漢字が示しているとおり，しょうがいのある人は護られる人というニュアンスが含まれています。それに対して自立生活運動では「介助」を用います。「介助」には，しょうがいのある人が主体性を持ったひとりの生活者であるというニュアンスが含まれています。つまり「介護」と「介助」の間にも，しょうがいのある人の主体性の問題が含まれているのです。

＊2　「当事者主権」の用語は，当事者運動の達成を通して，中西正司・上野千鶴子（2003）『当事者主権』の中で定義づけられたものです。

第2節 "しょうがい者"とは誰か——社会モデルを理解する

▼1. 制度における「障害者」

　しょうがいのある人の社会福祉を考える際の視座について述べてきました。この第2節ではまず，そもそも"しょうがい者"とは誰なのか，どういう人びとを指してわたしたちは"しょうがい者"と呼んでいるのかという問いについて考えていきたいと思います。

　厚生労働省の統計では，日本における障害者数は全体で約700万人，およそ国民の6%が何らかの障害を有していることになります。この内訳は，身体障害者366万人（人口千人当たり29人），知的障害者54万人（同4人），精神障害者320万人（同25人）とされています（『平成25年度版　障害者白書』より）。ここで「障害者」とされている身体障害者，知的障害者，精神障害者とはいったいどのような人を指しているのでしょうか。身体障害者を定義している身体障害者福祉法をみてみましょう。

　身体障害者福祉法では，「身体障害者」とは「身体上の障害がある18歳以上の者であって，都道府県知事から身体障害者手帳の交付を受けたものをいう」（傍点筆者）とされています。つまり日本では「身体上の障害がある18歳以上の者」というだけでは制度上「身体障害者」とは認められません。一定の手続きに従い「身体障害者手帳の交付を受け」て初めて「身体障害者」と認められます。すなわち制度的には「障害者」を自認しているだけでは不十分で，社会からもあなたは「障害者」であるという障害者手帳の証明をもらうことではじめて「障害者」を名乗ることができるのです。

　「障害者」を定義することは，国や自治体が提供する障害福祉サービスを誰が受けとることができるのかを規定することと密接にかかわっています。障害福祉サービスには国や自治体の税金が使われていますので，そこには障害で困っているから支援の必要性がある，そしてそれを税金で行ってよいとする，国民や住民の大多数の同意が必要であるという論理が働いています。つまり社会におけるコンセンサスが得られて初めて，しょうがいで困ってい

る人は「障害者」になることができ，障害福祉サービスを利用することが可能になるのです。

▼2.「制度の谷間にある障害」

　このようなしくみのもとでは，しょうがいによる困難を抱えながらも，社会からは認められない一定の層が生まれます。いわゆる「制度の谷間にある障害」といわれるしょうがいを有する人びとです。日本でこれまで制度上「障害者」とされてきたのは，長らく身体障害者，知的障害者，精神障害者の三障害の人びとでした。障害者福祉制度の基盤となる障害者基本法でも，「障害者」は「身体障害，知的障害又は精神障害（以下「障害」と総称する。）があるため，継続的に日常生活又は社会生活に相当な制限を受ける者をいう」とされていました。ここには最近ニュースやドラマなどでも耳にすることが多くなった，自閉症などの「発達障害」は含まれていません。つまりこれまで「発達障害」のある人は制度上「障害者」ではありませんでした。

　「発達障害」が社会的に注目され始めたのは 2000 年代以降のことですが，それまでの「発達障害」のある人に対する一般の認識は，「ちょっと変わった人」「怠けている人」「しつけがなっていない人」，あるいは「人の気持ちがわからない，みんなの和を乱す人」といったものでした。しかしそれが本人や親のしつけの問題ではなく，脳の一部の機能の障害によるものであることがわかってきて，そのような「発達障害」があることで本人が社会生活に支障をきたしていることや，家族で抱える困難が深刻な状況にあることなどが徐々に認知されるようになりました。こうして「発達障害」があることによる困難と支援の必要性が社会的に認められたことで，障害者基本法の「障害者」の定義も 2011 年に次のように改正されました。

> 　「障害者」とは，「身体障害，知的障害，精神障害（発達障害を含む。）その他の心身の機能の障害（以下「障害」と総称する。）がある者であって，障害及び社会的障壁により継続的に日常生活又は社会生活に相当な制限を受ける状態にあるものをいう。」（傍点筆者）

ここでようやく「発達障害」のある人は制度上「障害者」であることが認められました。この定義の改正は，障害者権利条約を日本が批准するために，国内の障害者に関連するさまざまな法律を整備するなかで行われたものです。ここでは「制度の谷間」をできるだけ解消し，しょうがいのある人が支援されたり，されなかったりする状況を生まないことが目指されています。

　「障害者」の定義は，社会の状況によって徐々に多様なしょうがいを含むものへと変化しています。ただ現行のように，障害の種類を列挙する定義づけにはどうしても限界があります。今後新たなしょうがいが明らかになることも考えられますし，しょうがいのある人とない人との間には必ずグレーゾーンの人びとが存在するからです。「谷間の障害者」を生まないためには，「障害者」をしょうがいによる困難や，支援の必要度によって定義づけしていくような，さらなる工夫が必要であるといえます。

▼3．「医学モデル」から「社会モデル」へ

　これまで見てきたように，しょうがいとは社会によって規定されるもの，つまりしょうがい者は社会とのかかわりのなかで生まれる人びとであることがわかってきました。これはしょうがいのある人の日常生活すべてにかかわっていえます。

　たとえば，通学途中で交通事故にあい，車いす生活になった男子学生を想像してみてください。彼がこれまで通っていた教室は学校の3階です。3階に行くための手段は階段しかありません。このままの環境であれば，これまでと同じように学校生活を送ることは不可能です。しかしこの学校にエレベーターが設置されたらどうでしょうか。たった一人のために何千万もかかるエレベーターを設置するのは贅沢でしょうか？　では彼の友達が毎日交代で3階までの移動を手伝うのはどうでしょうか。いくらなんでも毎日だと友達でも面倒だし，彼だって友達に迷惑をかけるのは嫌だろうと感じますか？　では3階の教室をクラスごと1階に移動させてはどうでしょうか。

　このようにしょうがいのある人が，しょうがいのない人と同じ場に社会参加できるための選択肢は1つではありません。みんなが納得できるよう知

第6章　しょうがいのある人と生きること　**87**

恵を出し合い工夫をすることで，しょうがいのある人にとっての「障害」は
なくなる可能性があります。

　それではここでもう一度「障害者」の定義を見直してみましょう。そこに
は「障害及び社会的障壁により継続的に日常生活又は社会生活に相当な制限
を受ける状態にあるもの」（傍点筆者）とあります。すなわち「障害者」はしょ
うがいのある人の「障害」によってだけではなく，「社会的障壁」，つまり社
会のバリアによって生まれるとする視点が示されています。この定義には
しょうがいの「社会モデル」という考え方が反映されています。「社会モデル」
とは，しょうがいを主として社会によってつくられたものとする考え方です。

　これまでしょうがいは「医学モデル」の考え方で理解されてきました。「医
学モデル」とは，しょうがいを個人の問題としてとらえ，病気や外傷などか
ら直接的に生じるものとする考え方です。つまりしょうがいのある人が被っ
ている不便さや不利益は，その人のしょうがいに由来するというものです。
したがって，その不便さや不利益はしょうがいのある本人の責任なのだから，
医者や支援者の指示に従ってリハビリやさまざまな訓練をしてしょうがいを
克服し，しょうがいのない人にできるだけ近づくことが求められてきました。
しかしこれまで見てきたように，しょうがいはその人の置かれている環境に
よっても生じるもので，個人の責任とはいえない部分が大半です。しょうが
いのない人を標準としてつくられている社会に合わせて，しょうがいのある
人だけが努力しなければならないのは不平等な社会でしょう。しょうがいの
ある人とない人でお互いが快適に過ごせる社会を目指していくことが大切で
あるといえます。

第3節　しょうがいのある人とその家族の暮らし

▼1.“親亡き後”問題とは

　さて，本章は「しょうがいのある人と生きること」という章でした。これ
までしょうがいのある人と最も身近に生きてきた人としては家族の存在があ
げられます。第3節では，しょうがいのある人の暮らしの場が施設から地

域へと移行してきた経緯をふまえながら，しょうがいのある人と家族がどのように生きてきたのかをみていきたいと思います。

　1960年代以降の高度経済成長期は，日本の福祉が飛躍的に発展した時代です。欧米諸国では施設解体が進められていたこの時代[*3]，それと逆行するように日本では入所施設が各地に建設されていきました。ついにはコロニーといって，数百人ものしょうがいのある人が同一敷地内で終生暮らすという巨大な施設群まで誕生しました。そしてこれらの施設建設の施策を後押ししていたのが，他でもないしょうがいのある人の親たちの運動でした。しょうがいのある自分の子どもを施設にいれようと思うなんてひどい親だと思いますか？　親をこのような運動に駆り立てたものは何だったのでしょう。

　しょうがいのある人が自分の望む場所や地域で暮らしていくための支援は，現在ではずいぶん整備されつつありますが，制度も貧弱であった当時は，親，なかでも母親がしょうがいのある人の介護を限界が来るまで担っていくのが通常でした。親にとっての限界とはまさに自分の死を意味しますが，この"親亡き後"問題は深刻で，施設に入れることは，親を失った子どもが路頭に迷うことのない唯一の選択肢であると考えられてきました[*4]。ただ，こうした親による介護が続けられてきた背景には，それだけにとどまらない理由があります。なぜなら制度が改善されつつある現在でも，80代の親が持病を抱え通院しながら，50代のしょうがいのある子どもの介護を担っているというのは珍しい状況ではないからです。なぜ親は，子どもの介護を自分だけで抱え込んでしまおうとするのでしょうか。

＊3　欧米諸国では1950年代より，大規模入所施設におけるケアが批判され始め，入所施設を解体して地域ケアへ移行する流れが主流となっていました。

＊4　この"親亡き後"問題の行きつく先で最も悲惨なものが，しょうがいのある子どもの将来を悲観した親子心中や子殺しです。2015年5月28日にも，知的障害の娘を殺害したとして64歳の母親が逮捕されたことが報道されています。母親は「自分が死んだら娘が1人になるのがふびんだった」と供述していました（『朝日新聞』2015年5月28日夕刊，東京）。

第6章　しょうがいのある人と生きること　**89**

▼2. "親亡き後"問題の背景

　一般的に親はしょうがいのある子どもの誕生に対して，"ショック"を経験することが知られています。この背景には，「子どもは五体満足で健康に産まれてほしい」とする社会のマジョリティが共有している価値観があります。子どもの出生に対して親が抱く「なぜ自分が」という憤りや，子どもに対する「申し訳ない」という罪責感は，この"しょうがいはないにこしたことはない"とする社会の価値観が反映されています。加えて社会の常識は家族の「愛情」という名のもとに，しょうがいのある子どもの世話を親が責任を持ってひきうけていくことを要求します。先ほど"自分の子どもを施設にいれようと思うなんて"と感じたあなたは，この社会の価値観を共有しているといえます。そして親自身も子どもの世話を一生の使命としていくことで，親子だけの密室空間，社会的孤立がつくられていくのです。

　家庭や施設という保護された空間のなかでは，しょうがいのある人はいつまでたっても子どものままであり続けなければなりません。障害者解放運動や自立生活運動は，このようにして自分で社会のなかで自立していくことを妨げられてきたしょうがいのある当事者による運動でした。これらの運動において当事者たちはまず，これまで誰も疑うことのなかった親の「愛情」を否定しました。そして自分を保護し，縛ってもきた家庭や施設から地域へと出ていったのです。

▼3. 家庭・施設から地域へ──しょうがいのある人の自立とは

　このしょうがいのある当事者が巻き起こした価値観の変化のうねりに，1981年の国連による国際障害者年の後押しもあり，日本でもしょうがいのある人の暮らしは家庭か施設かではなく，住み慣れた地域へ，自分の望んだ場所へと変化してきました。国際障害者年のスローガンである「完全参加と平等」の基盤にあるのはノーマライゼーションの思想です。ノーマライゼーションとは，しょうがいのある人たちの生活を社会一般のそれにできるだけ

90　第Ⅱ部　社会福祉について知る

近づけていく，ノーマルなものにしていこうとする思想です。これを実現するために日本では，しょうがいのある人の地域生活を支えるしくみがつくられてきました。そして現在しょうがいのある人の暮らす地域には，ホームヘルプやグループホームなどのさまざまな支援が整備され，しょうがいのある人やその家族の生活を支えています。

　では，このような支援を受けながら暮らすしょうがいのある人の「自立」とは，どのように考えていけばよいのでしょうか。もしかすると，支援を受けている状態なのに自立とはいえないのではないかと考える人もいるかもしれません。しかしここでいう「自立」とは，しょうがいのある人が人の助けを借りずになんでも自分でできることを意味するのではありません。自分でできないところは支援を得ながら，どんなしょうがいがあろうとも自分の人生に対する自己選択，自己決定をしていくことが，しょうがいのある人にとっての「自立」といえます。こうした自立の考え方を「依存的自立」や「自立的依存」といいます。しかし考えてみると，しょうがいのない人であっても，人の助けを借りずにすべて自分一人の力で生きていける人間などいません。誰にとっても“自分で自分の人生を生きている”と実感しながら暮らしていけることこそ，本当の意味での「自立」ではないでしょうか。

　本節の最後に，しょうがいのある娘をもつ母親の言葉を紹介したいと思います。

　　18歳の娘が生まれたとき，自分は一生，この子を抱えて生きていかなければならない，絶対死ねないと思いました。けれど，まわりの人とかかわる中で，長女の障害は確かに重いけれど，彼女なりのペースで自立を学んでいると考えるようになりました。【中略】すると私には私の人生があり，子どもには子どもの人生があると考えられるようになり，少し気持ちが楽になりました。自分でご飯を食べられるとか，歩けるなどということだけが自立ではなく，人の手も借りながら自活できていくことも，自立のあり方のひとつであると思います。（『子どもを選ばないことを選ぶ――いのちの現場から出生前診断を問う』より）

第6章　しょうがいのある人と生きること　**91**

親はしょうがいのある人と身近に生きてきた実感を通して，社会のしょうがいを否定する価値観や，親がしょうがいのある子どもを保護しつづけなければならないという価値観から解放され得る可能性を持っています。決して他の子どもと同じとはいえませんが，それぞれのペースで成長していく子どもの姿から，親も学んでいくのです。

第4節　しょうがいのある人とともにある社会へ

▼1. 出生前診断の普及が示すもの

　しょうがいのある人と家族との暮らしについて考えてきました。本章の最後ではこれまでの議論をもとに，しょうがいのある人とわたしたちとのかかわりについて考えていきたいと思います。わたしたちはしょうがいに関して，これからどのように向き合っていくことが可能なのでしょうか。そしてしょうがいのある人たちとともに生きていく社会を，どのようにつくっていくことができるのでしょうか。

　みなさんのなかには，いずれパートナーと出会い，子どもをもつ機会に恵まれる方がいることでしょう。いまそのいのちの誕生の場で，ある最新の検査技術の登場が話題となっています。妊婦が血液検査をするだけで，おなかの中の赤ちゃんに一部の病気やしょうがいのある可能性が高い精度で判別できる，新型出生前診断が2013年に導入されました。そして1年が経過した2014年，この出生前診断で何らかの異常が確定した人の97％が人工妊娠中絶を選んだというニュースが報道されました。出生前診断が確実にいのちの選別につながっている事実が示されたといえます。現段階でこの検査は，高リスク群である35歳以上の妊婦を対象に一部の医療機関でしか受けられませんが，女性の初産年齢が30歳を超えている現在，いずれは誰もが利用できる，より身近な検査となっていく可能性があります。

　人権教育が普及している現在では，しょうがいのある人に対しておもてだって差別をする人はほとんどいないでしょう。しかしこの出生前診断をめぐる状況には，"しょうがいはないにこしたことはない"とするわたしたち

の秘めたる本音が見え隠れしています。しょうがいを理由に中絶する権利を認める一方で，生まれてきたしょうがいのある人の権利は尊重する，そうした相矛盾する二重の基準をわたしたちの多くはあわせもっています。このスタンスは一見しょうがいのある人を認めているようにもみえますが，それはあくまでも建前であって，根本的にはしょうがいを否定する気持ちが存在しています。いくら手厚い支援があろうとも，その存在はない方が良いとする社会で生きていかなければならないのであれば，しょうがいのある人びとは自身の存在を否定して生きていかざるを得なくなるでしょう。

▼2. しょうがいのある人との日常

それではわたしたちはどのようにしょうがいのある人と向きあっていくことが可能なのでしょうか。日本の学校教育は，しょうがいがあれば特別支援学校，しょうがいがなければ普通学校というように分離教育を基本としています[5]。みなさんも経験してきたように，週数時間，あるいは年数回の交流といった非日常的な時間枠のなかだけでは，しょうがいのある人の日常を知ることはできません。しょうがいのない人にとっては，しょうがいとはほとんど未知の領域です。つまりわたしたちはしょうがいのある人とどのように接し，付き合っていけばよいのか，その方法に関して無知な状態にあるといえます。しょうがいのあるなしにかかわらず，人と人とが関係をつくっていくうえで大事なことは，お互いに時間をかけてその人となりを知り，付き合い方を学んでいくことです。わたしたちに不足しているのは，そうしたしょうがいのある人とない人とが出会える日常性であるといえます。

大学で福祉を学ぶ学生にはさまざまなボランティアや実習の機会があります。学生たちが数日しょうがいのある人と一緒に過ごしてみて感じることに，「しょうがいのある人もわたしたちと変わらない一人の人だった」というも

＊5　なかには大阪市立南住吉大空小学校のように，しょうがいのある，なしにかかわらず誰もが同じ教室で学ぶという画期的な取組みを行っている学校もあります。詳しくは真鍋俊永監督のドキュメンタリー映画『みんなの学校』(2015 年) を参照してください。

第 6 章　しょうがいのある人と生きること　**93**

のがあります。しょうがいのある人のしょうがいの部分との付き合い方さえわかれば，しょうがいと言っても決して特別視するようなものではなく，一対一の人間同士の付き合いなのだということがわかってくるのだと思います。そうなれば決してしょうがいのある人が"ないにこしたことはない"存在であるなどとは思えなくなるでしょう。

▼3．多様性を認め合える社会のために

　出生前診断が日本より普及し，ダウン症の確率を調べる検査が妊婦に対して一律無料で提供されているイギリスでは，ダウン症の赤ちゃんの出生数が減少していることが報告されています。科学技術がさらに進んでいけば，ダウン症の赤ちゃんだけではなく，より多様な遺伝にかかわる病気やしょうがいが明らかになっていくことでしょう。この傾向が進めば，病気やしょうがいがないというだけではなく，より優秀な遺伝子をもつ赤ちゃんしか出生が許されないような，そんな世の中になっていくかもしれません。これはわたしたちのなかの多様性が失われていくことを示しています。そしてそれはわたしたちの社会をさらに生きづらいものにしていくことでしょう。しょうがいのあるなしにかかわらず多様な人が普通に存在する社会こそが，ノーマライゼーションが達成された社会といえます。

　出生前診断の場面では，どうしてもしょうがいのある子どもは受け入れられないという人も，しょうがいのあるなしで子どもを選びたくないという人もいます。しかし大部分はそのどちらでもなく，漠然とした不安から検査を受けようか迷っている人たちであるそうです。さて，このような技術を目の前にしたとき，あなたならどのような選択をしますか？　そこでは一人ひとりのしょうがいへの向き合い方が問われているのです。

　ダウン症の子どもをもつ母親は，子どもとの生活を通じて次のような感謝の言葉を綴っています。

　　　子どもに障害があるということは，その事実がそこにあるというだけのことで，自分を恥じることもなく，子どもがかわいそうなわけで

94　　第Ⅱ部　社会福祉について知る

もありません。この子はこうして頑張って生まれてきたのだし，この
いのちをほめられるべきなんです。今なら，いのちを，ありがとうと
思います。(『子どもを選ばないことを選ぶ――いのちの現場から出生
前診断を問う』より)

　しょうがいのことや，しょうがいのある人について考えることは，わたし
たちが将来どのような社会をつくっていきたいか，どんな社会で生きていき
たいかを考えることと密接にかかわっています。いろいろな人がいることが
認められないような，人との違いや優劣に戦々恐々としながら過ごさなけれ
ばならない社会なのか，それともしょうがいのある人との暮らしによって示
されるような多様性を認め合い，それをつつみこめる社会なのか，しょうが
いのある人とともに過ごしながら考えるチャンスがあれば，誰もが後者の社
会のすばらしさに気づくことではないでしょうか。

文　献

　安積純子・岡原正幸・尾中文哉・立岩真也 (1995)『〈増補改訂版〉生の技法――家
　　と施設を出て暮らす障害者の社会学』藤原書店

　共同通信社社会部編 (2014)『わが子よ――出生前診断，生殖医療，生みの親・育て
　　の親』現代書館

　中西正司・上野千鶴子 (2003)『当事者主権』岩波書店

　大野明子 (2003)『子どもを選ばないことを選ぶ――いのちの現場から出生前診断を
　　問う』メディカ出版

　好井裕明 (2007)『差別原論――〈わたし〉のなかの権力とつきあう』平凡社

第7章
高齢社会を生きること

はじめに

「高齢社会を生きる」こと。現代の日本社会において，"高齢者"と呼ばれる人たちの割合が多くなってきています。そしてこの先の未来にも，高齢者の割合がさらに多くなっていくことが確実とされています。

「高齢社会」という言葉を初めて目にする方も多いかもしれません。端的に言い換えるとすれば，「"高齢"化した"社会"」といえるでしょう。高齢者の割合が多い社会，ともいえます。

この第7章では，高齢社会と呼ばれる社会について，そしてそこでわたしたちが暮らしていくことについて，考えてみます。高齢社会のすべてについて触れる紙幅はありませんので，これからの高齢社会での暮らし方へのヒントになればと考えます。

第1節　高齢者とは？

▼1．高齢者の"分け方"

さて，高齢者と聞いて，どういう存在をイメージするでしょうか。

WHO（世界保健機関）など国際的な組織の人口統計の指標では，65歳以上を「高齢者（老人）」としています。日本の政府等による統計でも同様です。法律等では「○○歳以上は高齢者である」という明確な規定はありません。ただし，サービス等の利用条件・支給条件での年齢の区切りは，65歳を設定しているものが多いです（一部，70歳や75歳，40歳というのもあります）。

96　第Ⅱ部　社会福祉について知る

読者のなかには，実際に「高齢者」になったことのある人はほとんどいないと思います。筆者も高齢者施設のソーシャルワーカーをしていますが，「高齢者」になったことはありません。まだ「高齢者」になっていないわたしたちと，当の「高齢者」の範囲に入れられる本人とは，「高齢」の捉え方や生活感覚が異なっているのでしょうか。

▼2. 高齢者の方とのかかわりから
── 「わからない」エピソード

　筆者が高齢者介護施設（介護老人保健施設）に勤務していた，とある日の午後のことです。入所者の生活フロアに伺った際，一人の女性の方──仮にイクコさんとしましょう（年齢80代，認知症あり）──が私に向かってこうおっしゃいました。「私は何が何だかわからん。何をしたらよいのか。もう身体も弱っているし，でも何かせにゃならんと思う。でも言われなくちゃ何もできない」と。高齢者介護施設は，家族やサービス利用による介護に頼るだけでは自宅での生活が難しくなっている方が多く利用されています。イクコさんは，認知症という短期記憶や情報処理が難しくなる病気にかかり，介護スタッフのサポートによって集団生活をしています。住み慣れた自宅とは違う環境面の不安，家族以外のスタッフや利用者と一緒に暮らす不安，次に何をしたらよいかがわからない不安等が入り交じって，私にこのような訴えをされたのでした。隣にいた別の女性の方──仮にハナヨさんとしましょう（年齢80代，認知症あり）──は，「わからんけど，しょうがないわ」と，大きな声で笑い飛ばしていました。

　イクコさんやハナヨさんとの会話（かかわり）のなかで，お二人の言葉からは，あまり「高齢」になったことは表出されていません。不安はありながら，今ここにいることについてのお話をされています。

　「高齢者」と呼ばれる方（たとえば65歳以上）も，一定の年齢に達したら，急に自分が「おじいさん／おばあさん」になった，と自覚するわけではありません。わたしたちは，記憶にある数年前から毎日を積み重ねて今を生きています。高齢者と呼ばれる方も同じです。ある90代の女性の方は，「鏡に

映るしわしわの自分の顔を見るとガックリくる」とおっしゃっていました。他人から見られる"外側の"自分（のイメージ）と，子どもの頃から生活を積み重ねている"内側の"自分（の感覚）とは，ずれているのかもしれません。

▼3．"高齢"者とはどういう存在か？

内側の自己感覚は若いままだとしても，加齢による社会的・精神的・身体的な変化は，否定できません。

社会的には，①定年による仕事の退職・経済力低下，②子育て終了による家庭内役割の変化，③配偶者の病気や死，④身体的変化に伴う生活範囲の縮小，⑤友人の死，などの生活上の変化が挙げられます。ほか，⑥家族からの気遣い・尊敬・ケア，⑦余暇時間の拡大，などプラスの側面もあります。

精神的変化としては，①記憶力・記銘力の低下，②環境の変化への適応力の低下，③自己の老い（加齢）や喪失体験による不安，④自己の死への不安，などが挙げられます。ほか，⑤経験・知識・知恵の蓄積，⑥言語的能力・理解力・洞察力などの蓄積・保持，などプラスの側面もあります。

身体的変化としては，加齢による，①皮膚のしわ・白髪・猫背（脊椎変化）などの外的変化，②運動機能の低下，③視力・聴力など感覚機能の低下，④生理機能の低下，などが挙げられます。端的にいえば，複数の病気を持っていることが多くなります。たとえば，がん（悪性腫瘍），脳血管障害，心臓疾患，糖尿病，骨折，廃用性症候群，うつ病など，高齢期に特徴的な疾患は，例を挙げると際限がありません。

▼4．「認知症」という病気

なかでも，認知症と呼ばれる疾患について少し理解を深めておきましょう。

厚生労働省が行政用語を変更した 2005 年以前，認知症は「痴呆」とか「老人性痴呆」と呼ばれていました。2004 年 12 月に厚生労働省の検討会が「認知症」という用語を採用し，それ以降呼称を変更することになりました。

認知症を抱える高齢者は，2012 年には 462 万人で 65 歳以上の約 7 人に

表7-1　認知症の種類

おもな認知症の種類	おもな特徴　※種類や特徴が重なっていることもあります
脳血管性認知症	脳梗塞や脳出血などにより，一部の脳の部分に栄養や酸素が行き渡らず神経細胞が壊れて起きます。身体の半身麻痺，記憶障害や性格変化，場合によっては言葉の出ない失語症などが出現します。
アルツハイマー型認知症	最も多いタイプの認知症です。脳の萎縮が原因です。物忘れなどの記憶障害から症状が始まり，萎縮による進行により，生活全般の行為が難しくなってきます。
レビー小体型認知症	記憶障害のほか，幻覚（特に幻視）やパーキンソン症状とよばれる筋肉のこわばりなどが出現します。
前頭側頭葉型認知症	性格変化と社会性の欠如が現れます。万引きをしてしまう，同じ行為を繰り返すなど。

表7-2　認知症の症状

症状	おもな特徴
中核症状	脳の細胞が壊れることによって起こる症状。記憶障害（記憶をとどめられない），見当識障害（今どこなどがわからなくなる），理解力・判断力の障害，実行力障害，など。
行動・心理症状（周辺症状）	本人の性格，環境，人間関係などの要因によって起こる症状。不安・焦り，自信を失う・元気がなくなる・引っ込み思案・うつ，幻覚・妄想，歩き回る・探し回る，興奮・暴力，不潔行為（不潔かどうかわからなくなる，隠す）など。

1人とされています。2025年には約700万人，65歳以上の約5人に1人と推計されています。

　認知症とは，「生後いったん正常に発達した種々の精神機能が慢性的に減退・消失することで，日常生活・社会生活を営めない状態」とされています。後天的にいろいろな原因で脳の細胞が死んでしまったり，働きが悪くなったためにさまざまな障害が起こったり，生活するうえで支障が出ている状態（およそ6ヵ月以上継続），と捉えられます。

　ここでは簡単に認知症の種類と症状を整理した**表7-1**と**表7-2**を載せておきます。

第7章　高齢社会を生きること　**99**

認知症を発症したり，診断されたりしただけで，すぐに生活全体が難しくなるわけではありません。早期の薬物治療やリハビリテーション，生活全体のストレスの低減などにより，病気の進行を抑えることができます。

第2節　高齢社会とは？──高齢者を取り巻く状況

▼1．高齢社会の現状

さて，やや抽象的ですが，日本全体の人口から，高齢社会がどのようになっているか確認しておきます。

現代の日本の人口比率は，**表7-3** の割合を見るとわかるとおり，15歳未満の子ども（＝年少人口）の割合と，65歳以上の高齢者（高齢者人口）の割合を比較すると，圧倒的に高齢者が多い状況です。この状況は，子どもが少なく高齢化した社会，つまり「少子高齢社会」といいます。

子どもが少なく高齢者が多いということは，端的にいうと生まれる人より亡くなる人のほうが多い社会ということです。すでに日本は人口減少社会に突入しています。人口推計では，2048年に総人口が1億人を切り，2060年には約8,700万人になるとされています。また，2035年には高齢化率33.4％で人口の3人に1人が，2060年には高齢化率39.9％で人口の2.5人に1人が，65歳以上となる，と予測されています。

▼2．家族を取り巻く状況と高齢者の生活状況の変化

人口統計上，「住居及び生計を共にする者の集まり（家族・同居者），独立して住居を維持したり生計を営んでいる単身者（一人暮らし）」を世帯といいます。つまり，人が暮らす家屋やマンション，アパートなどの住宅1つひとつのことです。人口を世帯総数で割る（除す）と，一世帯あたりの平均人数が出てきます。いわば家族の平均人数のようなものです。

国民生活基礎調査によると，世帯の平均人数は，第二次世界大戦後，一貫して縮小しています（**表7-4**）。2013年6月現在の全国の世帯総数は，約5,011

表7-3　日本の人口構成（2015年9月15日現在）

類型	人口	割合	備考
総人口	1億2,683万人	100.0%	
高齢者人口（65歳以上）	3,384万人	26.7%	※高齢者人口割合を「高齢化率」といいます。
うち75歳以上	1,637万人	12.9%	※75歳以上を「後期高齢者」といいます。
うち65〜74歳	1,747万人	13.8%	
生産年齢人口（15〜64歳）	7,690万人	60.6%	※人口統計上，生産年齢人口は15歳以上とします。
年少人口（0〜14歳）	1,609万人	12.7%	

表7-4　日本の平均世帯人員・平均寿命の変化〔2014年「国民生活基礎調査」をもとに著者作成〕

年	1953 (S28)	1960 (S35)	1970 (S45)	1980 (S55)	1990 (H2)	2000 (H12)	2010 (H22)
平均世帯人員	5.00人	3.75人	3.45人	3.28人	3.05人	2.76人	2.59人
合計特殊出生率	2.69（人）	2.00（人）	2.13（人）	1.75（人）	1.54（人）	1.36（人）	1.39（人）
平均寿命 男	59.57歳 ※S25-27年	65.32歳	69.31歳	69.31歳	75.92歳	77.72歳	79.55歳
平均寿命 女	62.97歳 ※S25-27年	70.19歳	74.66歳	74.66歳	81.90歳	84.60歳	86.30歳
どんな時代？	サンフランシスコ講和条約（1951）	安保条約反対闘争（1960）	大阪万博（1970），石油危機（1973）	イラン・イラク戦争（1980），神戸ポートピア・夕張炭鉱爆発（1981）	天皇即位，東西ドイツ統一，イラクによるクウェート侵攻（1990）	介護保険制度発足（2000），9・11同時多発テロ（2001）	東北新幹線が青森へ（2010），東日本大震災・原発事故（2011）

万世帯です。核家族とよばれる「夫婦と未婚の子のみの世帯」が29.7%（約1,490万世帯）で最も多く，次いで「単独世帯（一人暮らし）」が26.5%（約1,329万世帯），「夫婦のみの世帯」が23.2%（約1,164万世帯）となっています。また，高齢者だけの（または，そこに18歳未満の未婚の人が加わった）「高齢者世帯」は全世帯の23.2%（約1,161万世帯）です。そのうち，65歳以上の「単独世帯（一人暮らし）」は約573万世帯です。

第二次世界大戦後の1940年代後半から1950年代にかけて日本は，戦後復興の時期を経て，国際的にも独立国家として再出発しました。そして続く1960年代の高度経済成長期を経て，国際的な競争力もつき，社会が豊かになってきました。電気製品や自家用車が徐々に普及してきました。公害等の環境問題が顕在化してきたのもこの時期です。

1970年代初めにオイルショック（石油危機）があったものの，生活様式の都市化が進みます。社会全体が便利になってきました。1980年代から1990年代にかけて，女性の大学進学率も伸び，女性の社会進出が進んでいます。これは，1986年施行の男女雇用機会均等法（1972年制定の勤労婦人福祉法の改正）が大きな契機になっています。あわせて女性の初婚年齢や第一子出産年齢が上昇しています（晩婚化）。

戦後間もない1947年，合計特殊出生率（1人の女性が一生の間に産む子どもの数に相当する数値。その年次の15歳から49歳の女性の年齢別出生率を合計したもの）は4.54人でした。それが，1960年には2.00人になり，2000年には1.36人まで低下しています。人口を維持するのに必要な合計特殊出生率は2.08とされています。現代日本は，人口の減少，少子化が進行しています。

一方で，戦後からの社会の衛生面の改善，医療技術の発展により，長寿化も進んでいます。平均寿命は，男女ともに一貫して長寿傾向です。第二次世界大戦直後，男女ともに平均寿命が60歳前後でした。現在では，男性は80歳，女性はまもなく90歳に届こうとしています。現に，高齢者介護施設の入居者の方は，90代や100歳を超える年齢の方も珍しくありません。

2000年を過ぎた現代社会は，ケータイ・スマホ・インターネットなどの情報ネットワーク，コンビニエンスストアやネットショッピングなどの物流

ネットワークに支えられています。バーチャルな世界を拠り所にしても生活ができる便利な社会にもなっています。サービスや消費財のメニューが増え，わたしたちは条件の範囲でそれらを自由に選択して購入することも容易になりました。あわせて，わたしたちは消費者保護制度等に守られながら，サービス利用や商品購入に対しての権利意識が高まっていることも事実です。多くの企業がお客様相談センターや苦情受付担当窓口を開設しています。また，家族関係の希薄化，個人の生活の重視が進み，「他人は他人，自分は自分」など過度に他者に気を使ったり，過度に他者の生活や世界に介入しようとしなかったりする社会関係が多くなっています。

　社会福祉の領域においてもサービス利用の方法が変わりました。2000年の介護保険制度施行を契機として，従前の行政処分による措置制度から，利用者が自分で利用を選択し利用を決めサービス事業者と直接利用契約する制度に変わっています（一部の制度を除きます）。

▼3．生活上の困難を抱えること

　日本におけるわたしたちの生活の基本は，他人の権利を侵害しない（公共の福祉に反しない）範囲で，社会における義務を守ったうえで，自分の「自由」にすることができるということです。日本国憲法第13条にもそのことが次のように書かれています。

> 　「すべて国民は，個人として尊重される。生命，自由及び幸福追求に対する国民の権利については，公共の福祉に反しない限り，立法その他の国政の上で，最大の尊重を必要とする。」

　人にはそれぞれの生活の経験や感覚，ライフスタイルがあります。自分の好きな地域や住み慣れた自宅で暮らす自由もあります。

　高齢者は長男家族と孫を含め三世代同居することが当たり前だった時代から，子ども世帯とは別居，夫婦二人暮らしや一人暮らしが増え，それが当たり前の時代になっています。経済成長や国際化・情報化などの社会の変化と

ともに，家族や個人のライフスタイルも変化してきました。

　高齢期になると社会的・精神的・身体的な多くの変化が現れ，それととも
にさまざまな生活上の困難が出現してきます。インターネットなどのICT
情報技術を上手に使いこなせない，自動車や自転車の運転ができない（でき
なくなる），体力の低下などにより生活範囲・移動可能範囲が狭まる，定年
後の再就職が難しい，誰ともかかわらない生活になる（孤立），などの状況
が想定されます。そして，収入が減ったための貧困状態，病気などを原因と
した要介護状態などのリスクも高まります。

　わたしたちが生活を維持していく権利を守る憲法第25条では，

> 「すべて国民は，健康で文化的な最低限度の生活を営む権利を有す
> る。／2　国は，すべての生活部面について，社会福祉，社会保障及
> び公衆衛生の向上及び増進に努めなければならない。」

と定められています。「社会権」のひとつの側面です。

　そして，生活支援を行う社会福祉の仕事は，それぞれの生き方などありの
ままを尊重される（「尊厳」を守られる）ことが基本になっています。社会
福祉の仕事をする専門職は，そのことを職業倫理として守ることが求められ
ています。

第3節　高齢者を支える制度と専門職

▼1．介護保険制度

　高齢者の生活を支える社会福祉の制度およびサービス，その担い手につい
て見ていくことにします。

　現在の日本における高齢者の生活を支える中心的な制度として，介護保険
制度が挙げられます。要介護状態となった高齢者の生活を，介護を中心とし
た側面から支える制度です。介護保険制度は1997年に制定された介護保険
法にもとづき，2000（平成12）年4月にスタートしました。サービス利用

表7-5　介護保険のサービスの例

利用形態	サービス内容や種類
訪問系	訪問介護（ホームヘルパー），訪問看護，訪問リハビリテーション，訪問入浴　など
通所系	通所介護（デイサービス），通所リハビリテーション（デイケア）など
福祉用具	車いすや介護ベッドなどの福祉用具レンタル，ポータブルトイレなどの販売
住宅改修	住宅改修による住宅のバリアフリー化（手すり装着，段差解消など）
施設利用系（短期・長期）	短期入所（ショートステイ），有料老人ホーム，認知症グループホーム，特別養護老人ホーム，介護老人保健施設，介護療養型医療施設　など
多機能型	小規模多機能型サービス（訪問介護やお泊りサービスの組み合わせ）など
相談・ケアマネジメント	ケアマネジメント（居宅介護支援＝ケアマネジャーによる介護計画作成・調整），地域包括支援センター（介護予防支援，権利擁護，総合相談など）　など

はそれまで，行政（市町村）がサービス提供について決定（行政措置）していましたが，介護保険制度では高齢者本人と事業所との利用契約にもとづいてサービスが提供される方法に変わりました。

　介護保険制度は，40歳以上の人が介護保険料を納めます。40歳以上の人が介護サービスを必要とする状況になったら，①まず市町村に「要介護認定」の申請をします。②すると，市町村による介護の必要度を図る「認定調査」が行われます。③「認定調査」と「主治医の意見書」にもとづいて「介護認定審査会」で要介護度が確認され，市町村によって「要介護認定」が行われます。④要介護認定はその必要度が軽い順に「自立，要支援1，2，要介護1，2，3，4，5」の8段階です。⑤要支援1以上は介護サービス（介護予防サービス）を利用することができます。**表7-5**に示すようなサービスの種類があります。

　高齢者の健康を支える制度としては，医療保険制度（国民健康保険，健康保険）および後期高齢者医療制度（75歳以上対象）があります。医療にかかる費用の大部分（7割〜9割）を医療保険ないしは後期高齢者医療制度に給付してもらうものです。

　また高齢者の生活を支える制度として，年金保険制度（老齢基礎年金，老

第7章　高齢社会を生きること　**105**

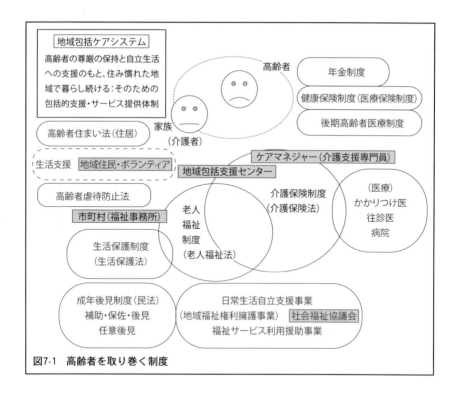

図7-1 高齢者を取り巻く制度

齢厚生年金の給付）があります。現役世代のときに働いていた際に毎月負担していた年金保険により，65歳以上（70歳以上の場合もあります）になると毎月の給付金が支給されます（**図7-1**）。

▼2．生活の場・ケアの場
——自宅で暮らす，地域で支える，施設で暮らす

　高齢者が生活する「場（＝場所）」について考えてみます。
　生活を継続する基本的な場は，高齢者本人の自宅とその地域です。住み慣れている地域と自宅の環境のなかで生活が継続されます。厚生労働省は現在，2025年を目標として「地域包括ケアシステム」の構築を進めて制度を整えています。「地域包括ケアシステム」とは，重度な要介護状態となっても住

み慣れた地域で自分らしい暮らしを人生の最後まで続けることができるよう，住まい・医療・介護・予防・生活支援が一体的に提供されるシステムです。高齢者の生活を支える多種多様なサービスが地域に整備される必要があります。

　自宅で生活を継続できない場合，専門的な介護や看護などのケアが必要な場合などは，施設等に入所（入居）したり病院に入院したりして，身体状況を整えたり，生活を継続することになります。居住・生活を保障する老人ホームやグループホーム，リハビリテーションの機能を備えた介護老人保健施設，急性期・回復期リハビリテーション・慢性期療養病床等の病院などが挙げられます。近年では貧困状態にある高齢者が，無料低額宿泊所に実質的に住んでいることも注目されています。高齢期の住宅保障の制度不備による問題が浮き彫りになっています。

▼3．高齢社会を支える専門職と市民

　高齢社会を支える「専門職」もさまざまな領域にわたっています。専門課程の学習を経て資格取得のうえで，専門的な倫理・知識・技術によりその業務にあたっています。ソーシャルワーカー（社会福祉士，精神保健福祉士）は相談援助の業務を行います。介護福祉士（ケアワーカー）は，衣食住・衛生等直接的な生活支援や介護を行います。ケアマネジャー（介護支援専門員）は，ケアプランの立案と調整を行います。医師・歯科医師は治療と医学管理を，看護師・保健師は健康管理や処置等を行っています。リハビリテーション専門職（理学療法士，作業療法士，言語聴覚士など）は身体の機能維持・向上を図ります。管理栄養士は栄養・食事の管理を行っています。東洋医学を基盤としたはり灸あんまマッサージ師や柔道整復師，心理療法などを行う臨床心理士，などの専門職もいます。

　市民であるわたしたちも，認知症サポーター養成講座を受講することで，地域に住む認知症高齢者のサポーターになることができます。高齢化が進む地域社会は，市民の支え合いによる下支えが求められています。

第7章　高齢社会を生きること　　**107**

▼4．権利侵害の防止とケアの視点

　高齢社会は，個人主義的生活様式の進行，一人暮らしや夫婦だけの高齢者世帯の増加や生活の孤立化，認知症などの病気により判断能力が低下した高齢者の増加などの状況があります。そのため，地域で生活する高齢者は次のような生活上の権利侵害のリスクがあります。たとえば，社会福祉の制度やサービスなど生活の継続に必要な情報が行き渡らなかったり，不当に財産を奪われたり，家族やサービス従事者からの虐待や身体拘束等不適切なケアを受けたりする，などです。これらの権利侵害を防止するため，成年後見制度（2000年民法改正），日常生活自立支援事業（福祉サービス利用援助事業／地域権利擁護事業，2000年），高齢者虐待防止法（2005年）などの制度や法整備が行われています。

　わたしたちは，地域（自宅）や施設において生活する高齢者に対しては，まず基本的には「高齢者の立場に立つ」「（自分の）家族だったら」という，ケアの視点が求められます。そのことで，社会的弱者としての高齢者に対する権利侵害を止められることにつながります。

第4節　わたしたちがこれからできること
──高齢社会を生きること

▼1．高齢社会における高齢者の権利

　高齢者や高齢社会に対して，わたしたちが守るべき基本理念は法律で定められています。

　高度経済成長期の1963年に制定された，老人福祉法では，高齢者が敬愛され生活を保障されることが定められています。基本的理念の条文を抜粋してみましょう。

老人福祉法・第2条（基本的理念）

　老人は，多年にわたり社会の進展に寄与してきた者として，かつ，豊富な知識と経験を有する者として敬愛されるとともに，生きがいを持てる健全で安らかな生活を保障されるものとする。

　また，高齢社会に突入した1995年に制定された高齢社会対策基本法では，社会が目指すべき基本的な理念が規定されています。こちらも抜粋してみましょう。

高齢社会対策基本法・第2条（高齢社会対策の基本理念）

　高齢社会対策は，次の各号に掲げる社会が構築されることを基本理念として，行われなければならない。
　一　国民が生涯にわたって就業その他の多様な社会的活動に参加する機会が確保される公正で活力ある社会
　二　国民が生涯にわたって社会を構成する重要な一員として尊重され，地域社会が自立と連帯の精神に立脚して形成される社会
　三　国民が生涯にわたって健やかで充実した生活を営むことができる豊かな社会

　わたしたちは，法的にも高齢者を支えることを求められています。

▼2．高齢社会——わたしたちにできること

　さて，わたしたちは高齢社会に対して何ができるでしょうか。
　これからの日本社会は，どうあっても家族だけで高齢者を支えられる社会ではありません。孤立させない地域における生活，会社での就労継続（定年延長や再就職），慢性期疾患の療養や介護，終末期医療など，高齢者を支えなければいけない社会的局面が増加していきます。社会全体・地域全体で，

第7章　高齢社会を生きること　　**109**

社会にいる高齢者を支えなければなりません。

　それには，わたしたち一人ひとりが，自分以外の人の生活に無関心であってはいけない，ということを意味します。地域や社会の課題を，「他人事」にしないで，「"自分"事」として考える，ということが求められます。社会福祉や社会保障を中心とした高齢者を支える制度を直接利用することは少なくとも，わたしたち一人ひとりが社会情勢や制度（さらには政治）に関心を持つ，ということも求められます。

　わたしたちの近くにいる家族を支えることも大事なことです。まずは，自身の祖父や祖母に（もちろん父や母にも），過去の出来事や経験を聴き，関心を持つ，ということも高齢社会を生きる，第一歩かもしれません。わたしたち自身が経験していない（まだ生まれていない）時代の社会を生きてきた高齢者の方の経験や語りは，わたしたちに大事なことを与えてくれるはずです。

文　献

榎本博明（2012）『「すみません」の国』日本経済新聞出版社

藤田孝典（2015）『下流老人──一億総老後崩壊の衝撃』朝日新聞出版

厚生労働省（2014）『平成 26 年版　厚生労働白書　健康長寿社会の実現に向けて』

内閣府（2014）『平成 26 年版　高齢社会白書』

筒井淳也（2015）『仕事と家族』中央公論新社

第8章
過疎地域での暮らしと
福祉の役割

はじめに

　「過疎地域」とは，急速に著しく人口が減少していることにより地域
社会の活力が低下し，さまざまな生活環境が厳しい状況におかれている
地域のことです。本章では「過疎地域」の特色について整理し，過疎地
域が直面している課題と解決に向けた取り組みを紹介します。

　過疎地域では，そこに暮らす人たちが知恵を出し合い，社会資源や公
的サービスの不足，生活の困難さを克服するため支えあいのしくみをつ
くりあげてきました。しかし過疎化の進行により，支え合う相手がいな
いという事態も起きてはじめています。

　日本全体で人口減少がはじまっています。過疎地域で起きていること
は，日本の近未来の姿かもしれません。過疎地域での暮らしと人びとの
挑戦する姿を通して，わたしたちが大切にすべきこと，なすべきことに
ついて考えてみましょう。

第1節　「過疎地域」とはどこを指すのか

▼1.「過疎地域」はどこにあるのか

　あなたは「過疎地域」と聞いてどのような光景を思い浮かべるでしょう。
緑豊かな山なみ，小道と田畑の間の集落，あるいは彼方に見える海に浮かぶ
島でしょうか。それは，あなたにとって身近な場所ですか。それとも遠い場
所でしょうか。

第8章　過疎地域での暮らしと福祉の役割　**111**

まずは，過疎地域とはどこにあるのかということから考えていきましょう。

過疎地域とは，法的には過疎地域自立促進特別措置法によって指定されている地域[*1]を指します。同法第1条に「人口の著しい減少に伴って地域社会における活力が低下し，生産機能及び生活環境の整備等が他の地域に比較して低位にある地域」と説明されています。人口が著しく減少する理由の多くは，自然環境が厳しく，県庁所在地等の行政の中心部から離れた場所にあり，交通の便がよくないことなどが共通して挙げられます。

2014（平成26）年4月1日現在，全国で797市町村[*2]が過疎地域に指定されています。1,719市町村に占める割合は46.4%，面積では58.7%を占めますが，この区域に住んでいる人口は全国の8.9%[*3]です。

あなたの暮らしている市町村は，過疎地指定を受けているでしょうか。総務省のホームページ[*4]などに一覧が掲載されています。ぜひ調べてみてください。

▼2．過疎地域と「僻地」「中山間地域」

過疎地域は山間地，海辺，離島などが多く指定されています。類似の意味で用いられる表現に「辺地」「僻地」などがありますが，いずれも地理的条件の劣性のために住民の生活に困難がともなう地域をさしています[*5]。

＊1　「過疎地域自立促進特別措置法」第1条を参照のこと。この法律は，これらの地域について「総合的かつ計画的な対策を実施するために必要な特別措置を講ずることにより，これらの地域の自立促進を図り，もって住民福祉の向上，雇用の増大，地域格差の是正及び美しく風格ある国土の形成に寄与すること」を目的としています。過疎地域指定の要件は，第2条に定められています。

＊2　指定には，過疎地域自立促進特別措置法第2条1項による指定，第33条1項による指定（市町村の廃置分合等があった場合の特例＝みなし過疎），第33条2項による指定（合併もしくは編入した地域が過疎指定地域だった場合，旧過疎地域市町村区域を過疎地域とみなす＝一部過疎）があります。

＊3　人口は平成22年度国勢調査の数値を用いています。全人口128,057,352人に対して過疎指定された地域に暮らしている人口は11,355,109人となります。

＊4　〔総務省 http://www.soumu.go.jp/「過疎地域市町村等一覧」など〕

112　第Ⅱ部　社会福祉について知る

近年よく耳にする言葉に「中山間地域」という表現があります。「中山間地域」は，元来は農業分野の用語です。食料・農業・農村基本法では，山間地およびその周辺の地域その他の地勢等の地理的条件が悪く，農業の生産条件が不利な地域を「中山間地域等」としています[6]。しかし，最近では法律に定義されているような農業生産条件だけにとどまらず，その地域の面積に占める林野率（総土地面積に対する林野面積の割合）や森林率（総土地面積に対する森林面積の割合）の高さと居住可能な平坦地の狭さ，いわゆる都市部からの距離などの地理的条件の低さ，それらによる困難が生活にともなう地域という意味で用いられているようです。

　これらの言葉は，感覚的に用いられていることも多いので，みなさんはそれぞれの意味をしっかりと整理して理解してください。

第2節　過疎地域での生活

▼1．加速する高齢化・集落の小規模化

　過疎地域では，働く場所と職種が限られています。冬場に農作業ができない豪雪地域などでは，一家の主な働き手である男性が土木業の出稼ぎで生計を支えてきました。高度経済成長を迎えた1960年代以降，若い人たちを中心に働く場所を求める人たちが故郷を離れ，日本の各所で過疎化が進みました。

　過疎地域からの人口流出はいまでも進行しています。過疎地指定されている地域には通学圏内に高等学校がないことも多く，高校進学とともに地元を離れ，そのまま地元にもどらず都市部で就職する人も少なくありません。人口の減少に加えて若年層の流出が進むことで，過疎地では高齢化がさらに進んでいます。たとえば，高齢者比率（総人口に占める65歳以上人口の比率）が全国では23.0％であるのに対して過疎地指定の地域は32.8％，若年者比

---

*5　「山村振興法」「辺地に係る公共的施設の総合整備のための財政上の特別措置等に関する法律施行規則」など。

*6　「食料・農業・農村基本法」第35条。

第8章　過疎地域での暮らしと福祉の役割　**113**

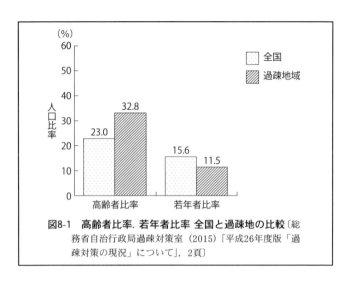

図8-1 高齢者比率. 若年者比率 全国と過疎地の比較〔総務省自治行政局過疎対策室（2015）「平成26年度版「過疎対策の現況」について」, 2頁〕

率（総人口に占める15〜29歳人口の比率のこと）は，全国15.6%に対して過疎地指定の地域は11.5%となっています（**図8-1**）。

　過疎地域では，世帯数がおおむね20戸以下で高齢化率が50%を超える小規模・高齢化集落も増えています。このような集落をさして「限界集落」と表現されることもあります。「限界集落」とは，社会学者の大野晃によって提唱された概念です。「65歳以上の高齢者が集落人口の50%を超え，独居老人世帯が増加し，このため集落の共同活動の機能が低下し，社会的共同生活の維持が困難な状態にある集落」（大野，2005，22-23頁）をさします。高齢化や人口減そのものを問題とするのではなく，過疎化と高齢化により「共同生活の維持が限界を超えてしまう」＝そこに住み暮らすことが非常に困難になる状況が，問題の本質です。

▼2．過疎地域での生活を支えてきたもの

　過疎地域の多くが，地理的条件ならびに生産的条件が厳しい地域にあります。生活の困難さを克服するために，そこに暮らす人たちは知恵を出し合い，近隣の人たちとつながり合い，支え合いのしくみをつくりあげてきました。

それらによって生命をつないできたともいえるのです。

　過疎地域に限らず，古からわたしたちの生活を支えてきたものは，家族や親族近隣の人たちとのつながり合いであり，支え合いでした。過疎地域においても生活様式の都市化は進行しており，以前と比較すると親族や近隣相互のつながり合いは希薄になってきていますが，旧くからの生活習慣を今でも大切に受け継いでいる地域は数多くあります。

　荻町合掌集落が世界文化遺産に登録されている岐阜県白川村[7]は，日本有数の豪雪地帯にあります。積雪が2mを超えることもある雪深い土地です。冬季には周辺地域との交流が遮断され，かつては秘境とも呼ばれてきました。

　雪によって各集落が孤立するような厳しい自然環境にあっては，人びとは共同や互助により生活を維持してきました。たとえば，合掌家屋の屋根の葺き替え作業は，早春の頃1日または2日という短時間に仕上げなくてはならず，大勢の労働力が必要となります（**図8-2**）。そこで，さまざまな互助のしくみを築いてきました。代表的なものにユイ（結）があります。ユイは，一人手伝いに来てもらったら次は一人手伝いにいくという対等な労働力交換です。このほかコウリャク（合力），ヤトイ（賃労働），村落維持のための共同作業であるニンソク（人足）[8]など，生きるために必要な支え合いのしくみを創りだしてきました。それは，厳しさと責任を伴うものです。

　類似のしくみは全国各地に見られます。それぞれの場所で人びとは厳しい

＊7　世界文化遺産としては「白川郷」という呼称が有名ですが，白川郷は通称であり正式な地名ではありません。世界文化遺産の正式名称は「白川郷・五箇山の合掌造り集落」で，白川村（岐阜県大野郡）の荻町集落と，五箇山（富山県南砺市）の相倉集落，菅沼集落の合掌造り集落が対象となっています。世界遺産に人が暮らし続けている数少ない例のひとつであり，建物のみでなく「受け継がれていく生活文化」そのものが世界遺産としての価値を持つものといえるでしょう。

＊8　ユイ（結）が対等な労働力交換であることに対して，コウリャク（合力）は多くの人手を必要とする場合に好意としてなされる労働奉仕のことです。労働の反対給付は条件ではありませんが，相手が同じ状況になったときに手伝いにいく関係の間でなされるもので，村の人たちは「お互いさま」といいます。ヤトイ（賃労働）は金銭や物品が支払われます。共同作業はニンソク（人足）と呼ばれ，春の道サライ（道普請），用水サライ（用水路掃除），夏の道カキ（草刈り），冬の道フミ（雪道踏み）などがあります（白川村，1998，319-321頁，330-340頁）。

第8章　過疎地域での暮らしと福祉の役割　**115**

図8-2　合掌家屋の屋根の葺き替え作業

自然と向き合い，知恵を出し合って生活してきました。共同作業や互助のしくみは，生命をつなぐためのものであったがゆえに厳しく，個人より全体が尊重される傾向にありました。

　現代の社会では，生活様式の都市化に伴ってほぼあらゆるものを貨幣で購入できるようになりました。人間関係による支え合いではなく必要に応じて物資やサービスを購入する生活は，昔ながらの気づまりな人間関係からの解放のように感じるかもしれません。しかし，数々の大きな災害を経て，危機的状況に陥ったときに支え合う相手がいることの大切さ，災害時には近隣に暮らす人たち同士が支え合うのだということに，わたしたちは再び気づきはじめています。

第3節　過疎地域の福祉

▼1．過疎地域の行政サービス

　社会資源が限られている過疎地域では，行政機関の窓口もスリム化が進んでいます。たとえば，岐阜県白川村役場[9] の行政組織は6つの部局で構成されています。総務課，村民課，基盤整備課，観光振興課，会計室，教育委員会事務局です。このうち村民課では，福祉に関する業務全般，診療所運営，国民健康保険，保健衛生，戸籍関係，斎場・埋火葬ほかの業務をすべて担当しています。職員にとっては膨大な事務量ですが，利用者側からみると福祉関係の相談や申請，住民票の取得など1つの窓口で対応してもらえる「ワンストップサービス」が実現されているともいえます（**図8-3**）。これが人口規模の大きな大都市であれば，それぞれの手続きごとに異なる窓口での手続きが必要になるでしょう。

▼2．過疎地域の福祉課題

　過疎地域の福祉課題は，高齢化と密接に結びついています。現在大きな課題となっているのは，①医療・福祉サービスなどの絶対量の不足，②移動手段の確保，③人口減に伴う空き家ならびに耕作放棄地の増加です。国内には医療機関のない地区が約700ありますがそのうちの約8割は過疎地域にあります[10]。小児科医や産婦人科医などの専門医も人口1万人あたりの医師

---

[9]　岐阜県大野郡白川村は人口1,710人（2013年4月現在），岐阜県北部，石川県との県境の村です。平成の合併の折に「飛騨地域合併推進協議会」に参加していましたが，2003（平成15）年に脱退，単独村を選択しました。

[10]　厚生労働省（2010）が実施した「無医地区等調査・無歯科医地区等調査」によれば，2009（平成21）年10月末日現在，全国に無医地区は705あり，このうち565（80.1％）が過疎地域にあります。無医地区を有する市町村は全国で289，このうち過疎地域指定を受けている市町村は203（70.2％）です。

第8章　過疎地域での暮らしと福祉の役割　　**117**

図8-3　白川村役場 村民課窓口

の数が全国平均の半分です[11]。

　過疎地域で暮らす人たちは，治療や入院のために遠くまで通院することになります。バスや電車といった公共交通機関の路線，走行本数も減少傾向にあり，自家用車を運転できない人にとっては外出方法の確保が大きな課題となっています[12]。そのため，近年では通院や買い物などのための移動支援

---

[11] 前出「平成26年度版「過疎対策の現況」について」によれば，人口1万人あたりの小児科医師は，全国1.28人：過疎地域0.68人，産婦人科・産科医師は，全国0.85人：過疎地域0.44人となっています。

[12] 岐阜県高山市で60歳以上の高齢者を対象に実施した調査では，日常の移動手段，食料品・日用品の買い物手段の1位は「徒歩」，2位が「自家用車を自分で運転」，通院手段は1位が「自家用車を自分で運転」，2位が「徒歩」でした。「自家用車を自分で運転」と回答した人の割合は，日常の移動手段：45.1％，通院手段：38.7％，食料品・日用品の買い物手段：44.2％（いずれも複数回答）でした。この調査は高山市の市街地で実施されており，合併により編入した支部域（過疎地域）では自家用車利用の割合がさらに高くなると推測されています（高山市社会福祉協議会実施『高山市高年者生活実態アンケート』2012年11月実施，調査対象者3,352名，回答数2,371（回収率：70.7％））。

サービスも増えています。デイサービス（通所介護）やホームヘルプサービ
ス（訪問介護）といった在宅介護サービスも移動を伴います。通所のための
長時間移動は高齢者自身にも負担となります。積雪や道路凍結，離島の場合
は悪天候による海上定期便の欠航など，専門職が要支援者のもとへ移動する
際にも天候の影響を受けます。

　このような状況に置かれている過疎地では，法律にもとづく全国共通の福
祉サービスに加えて独自の福祉活動が展開されています。第4節では，特
徴的な取り組みをご紹介します。

第4節　過疎地域の取り組み

▼1. 住み慣れた地域社会で暮らし続けたい ──岐阜県高山市高根町「のくとい館」

(1) 呼び寄せられ高齢者という実態

　過疎地域の一人暮らし高齢者の多くは，心身の機能が低下すると自宅で生
活を続けることは困難です。医療機関や在宅介護サービスなどが自宅周辺に
ないからです。自分一人で雪かきや外出ができなくなると，離れた場所で生
活する子どもたちの家に身を寄せる高齢者も数多くいます。

　永年住み慣れた自宅からも，なじみの友人たちとも別れ，ときには方言や
生活習慣のまったく異なる場所で生活することとなった高齢者は，急速に心
身の健康状態が低下する可能性があります。このような実態に対して「住み
慣れた地域社会で，なじみの人たちとかかわりながら生活したい」という高
齢者の願いを実現しようとする取り組みが各地で進んでいます。

(2) 岐阜県高山市高根町「のくとい館」

　岐阜県高山市高根町（旧：高根村）の冬季ファミリーホーム「のくとい館」
もその一例です。「のくとい館」は，高山市社会福祉協議会（以下，社協）
が運営する高齢者専用住宅です。雪に閉ざされる1月から3月までの3カ
月間，高根町内の一人暮らし高齢者が生活しています。建物は鉄筋コンクリー

第8章　過疎地域での暮らしと福祉の役割　**119**

ト3階の建物に2DKが10戸，3DKが4戸あり，建物1階の30帖の部屋は入居者のいこいの場として機能しています。小中学校閉鎖後に遊休施設となっていた教員住宅を再利用してつくられました。"のくとい"とは飛騨地方の方言で"あたたかい"という意味です。

入居者は，日中には福祉バスを利用して自宅に戻り，雪で壊れた箇所がないか見回ったり室内の清掃をすることもできます。福祉バスを利用して各地区から診療所やJAなどに来た人が「のくとい館」で生活する友人を訪ねることもあります。このように「のくとい館」事業の注目すべき点は，高齢者らが住居を移しても，コミュニティを維持することができているという点にあります。自宅でない場所で生活をしながらも，住み慣れた地域社会やなじみの人たちとの関係を継続することは工夫次第で可能であることを提示してくれています。

高根町は高山市内でも過疎化と高齢化が急速に進行している地域です。高山市は岐阜県の北部にあり，（旧）高山市と周辺の2町7村の合併により2005（平成17）年2月1日に（新）高山市が誕生[13]，同時に日本で最大の面積を持つ市となりました。香川県より広く，東京都や大阪市とほぼ同じ広さですが，面積の9割以上が森林であり人が住んでいる場所はわずかです[14]。人口は高山市全体で90,938人，高齢化率30.1％，このなかで最も過疎化と高齢化が進んでいるのが高根町で，人口は366人，高齢化率54.6％です（2015年4月1日現在）。高根町は長野県との県境に位置しており，冬季は2m以上の積雪がある豪雪地域でもあります。「のくとい館」がなければ，高根町の一人暮らし高齢者は，住み慣れた地域社会やなじみの人たちとのつながりを，もっと早くに諦めなくてはならなかったことでしょう。

いつか必要になったときに自分も利用することができると実感させてくれる「のくとい館」と入居者の存在は，いま入居していない人の安心にもつな

---

[13] （新）高山市は，（旧）高山市，丹生川村，清見村，荘川村，宮村，久々野町，朝日村，高根村，国府町，上宝村の1市2町7村の合併により誕生しました。

[14] 高山市は東西約81km，南北約55km，総面積2,177.67㎢，森林面積92.5％。最も面積の小さい都道府県である香川県（1,875.98㎢），2番目に小さい大阪府（1,893.94㎢）より広く，3番目に小さい東京都（2,187.05㎢）とほぼ同じ広さです。

がっています。

▼2. 移動と買い物支援——三重県 南 牟婁郡紀宝町

(1) 買い物弱者問題は，社会のあり方に対する警鐘

「買い物弱者」という言葉を聞いたことがあるでしょうか。自宅周辺の小売店の撤退や自力での移動・外出が困難となったことにより，日常の買い物が困難となっている人たちのことを指します。これは過疎地域に限った問題ではありません。店舗の大規模化・郊外移転に伴い小規模店舗の撤退が進む都市部においても起きている問題として広まった言葉です。2009（平成21）年11月に経済産業省により「地域生活インフラをささえる流通のあり方」研究会が立ち上がりました。同研究会により2010（平成22）年5月に発表された報告書（経済産業省，2010，32頁）では，買い物困難に直面している高齢者がおよそ600万人と推計しています。

これらの問題は「フードアクセス問題」あるいは「フードデザート（食の砂漠）問題」[*15] とも呼ばれます。岩間（2011，5頁）は，「フードデザート問題の本質は，弱者を排除する社会の構図にある」と指摘しました。買い物弱者と呼ばれる人たちの存在は，"立場の弱い人たちや少数の人たちを排除する"社会のあり方，わたしたちの意識の持ち方に対する警鐘ともいえるのです。このような課題を解決すべく全国各地で取り組みが始まっています。そのうちの1つ，三重県南牟婁郡紀宝町での取り組みをご紹介します。

(2) 「困った時はおたがいさん！」三重県南牟婁郡紀宝町のとりくみ

紀宝町は，2006（平成18）年1月10日に（旧）紀宝町と鵜殿村の合併により誕生しました。紀伊半島の南東部に位置しており熊野川を隔てた対岸は

---

*15　"food deserts"は世界中で広く用いられている学術用語です。生鮮食品の入手が困難など貧しい食糧事情による極端な栄養の偏りなどから，健康が損なわれる，特定の疾患の発生率増加の要因ともなっている可能性が指摘され，各国で政府レベルの研究や対策がすすめられています。

和歌山県です。世界文化遺産「紀伊山地の霊場と参詣道」の1つである熊野古道*16 が通っており，1,000年以上にわたり多くの人たちが往来した地域でもあります。主な産業である農林水産業に加えて製材工場やパルプ製紙工場が数多く稼働しています。太平洋に面した砂浜にはウミガメが産卵にやってくるほどの豊かな自然に囲まれていますが，紀伊半島は日本有数の降水地域でもあり，その地勢的条件から古くから度々水害に見舞われてきました。2013（平成25）年10月1日現在の人口は11,312人，高齢化率は31.1％です。

　紀宝町では買い物困難をはじめ日常生活のちょっとした困りごとの解決を目的とした事業が展開されています。その名も「困った時はおたがいさん！」事業。実施主体は紀宝町社協です。近隣関係が希薄化し過疎化によりご近所の人数も減少した現代，新たなつながりあいのしくみを構築しようとする取り組みです。主な内容は，①おかずのおすそわけサービス，②買い物支援ツアーサービス，③ちょっとした困りごとに対応する便利屋さんサービスです。利用会員と協力会員により構成され，必要以上に気兼ねを生じさせないため低額な利用料を設けています*17。

　買い物支援ツアーサービスでは，協力会員がマンツーマンでサポートするため「楽しい」「助かる」という声がある半面で「もっと自由に買い物をしたい」という声もありました。その声を聞き逃さず2015（平成27）年1月から無料送迎お買い物バス「スーパーカー」事業が開始されました。町内のスーパーへの送迎車だから「スーパーカー」，このわかりやすいネーミングも魅力です（**図8-4**）。

＊16　熊野古道は，熊野本宮大社，熊野速玉大社，熊野那智大社への参詣道である 紀伊路，小辺路，中辺路，大辺路，伊勢路の総称です。世界文化遺産の登録エリア，国の史跡としては「熊野参詣道」と称します。紀宝町は，伊勢路が通っています。

＊17　1980年代に無償での支え合い活動が継続することにより，お願いしづらくなったり，手伝う側が負担に感じて活動の継続が難しくなる事態が起きました。そのような問題解決のために低額の謝礼や活動時間をやりとりする有償の活動が開発されました。これらの活動を「住民参加型（有償）福祉サービス」と呼びます。「困った時はおたがいさん！」事業もここに含まれます。

122　第Ⅱ部　社会福祉について知る

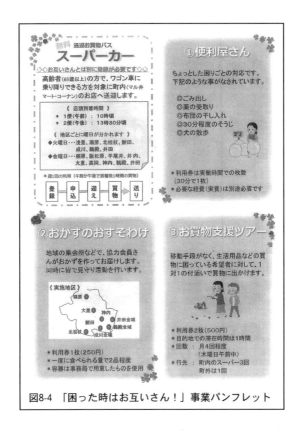

図8-4 「困った時はお互いさん！」事業パンフレット

　このほか紀宝町社協では「福祉の店アプローチ」(以下,「アプローチ」)を運営しています。住民の食と生活を支えてきたＪＡ店舗が閉鎖されたとき,社協がこの店舗を引き継いだものです。店舗が閉鎖されたままであったら,近隣住民の多くが買い物困難者となったことでしょう。「アプローチ」は一見すると,どこにでもある小規模の食品スーパーです (図8-5)。この店舗が福祉サービスとして実施されていることを知らない住民も多いかもしれません。しかし,多様な要素を含んで実施されている事業なのです。

　「アプローチ」は就労継続支援Ｂ型事業所としても機能しており,しょうがいを持つ人たちも一緒に働いています。住民から「気さくな販売員さん」と親しまれている店員が,実は各種の福祉資格を有する相談員でもあり,しょうがい者就労支援や住民の相談事業のアウトリーチの役割を果たしていま

第8章　過疎地域での暮らしと福祉の役割　　**123**

図8-5 福祉の店「アプローチ」店内

す。店舗内では、焼きたてパンをはじめ、一人暮らし高齢者が購入しやすい量の食品や惣菜も多く取り扱われています。徒歩やバスで買い物に来られない地域の人のために「宅配・移動販売」も実施しています。「アプローチ」は、食と生活だけでなく住民相互のつながりも支えている事業なのです。

おわりに──持続可能な社会のために

　過疎地域の福祉課題と特徴的な取り組みについて紹介してきました。人口減少は日本全体が直面している事態でもあり、過疎地域で起きていることは未来の日本全体の姿かもしれません。直近の課題としては、担い手不在による山林の荒廃、農林水産業の衰退、文化の喪失などが挙げられます。わたしたちの生活基盤の1つである自然環境や食糧生産の循環が断ち切られてしまうかもしれないのです。
　過疎地域の問題に限らず、福祉課題は複数の要因が絡み合っていることが多く、解決はたやすいものではありません。考えることが辛くなることもあるでしょう。しかし、諦めなかった人たちによって希望も示されています。
　事例としてご紹介した「のくとい館」は、「こんなところ（鉄筋の建物）で過ごせたら安心やろうになぁ」（しかし住み慣れた場所からは離れること

はできない）という高齢者の声を聞き逃さなかった専門員らの努力により実現した事業でした。「困った時はおたがいさん！」事業や，アプローチの宅配・移動販売事業は，2009（平成21）年度に策定された紀宝町地域福祉活動計画（第一次）において，住民の声としてあがったものを，紀宝町社協がこつこつと丁寧に実現したものです。

　買い物弱者問題や過疎地域問題が"立場の弱い人たちや少数の人たちを排除する"社会のあり方，わたしたちの気持ちの持ち方に起因するものであるならば「小さな声も漏らさない」「そこに暮らす人たちの願いとチカラを合わせてかたちにする」取り組みこそが，過疎地域だけでなく，わたしたちの生きる社会全体が直面している問題を解決するヒントとなるのではないでしょうか。

文　献

岩間信之（2011）『フードデザート問題──無縁社会が生む「食の砂漠」』農林統計協会

経済産業省（2010）「地域生活インフラをささえる流通のあり方研究会報告書〜地域社会とともに生きる流通〜」

厚生労働省（2010）「平成21年度無医地区等調査・無歯科医地区等調査の概況について」

大野　晃（2005）『山村環境社会学序説』農山漁村文化協会

白川村（1998）『新編　白川村史（上・中・下）』

総務省自治行政局過疎対策室（2015）「平成26年度版「過疎対策の現況」について」

第9章
外国につながる人の生活と福祉

はじめに

日本に暮らす外国につながる人たちが生活支援ニーズを抱えたとき，社会制度の狭間で，日本人と同じような支援を受けられないことがあります。外国で暮らしていても人はみな，働くだけでなく，日々の生活を営む者として，人らしく生きる権利の保障が求められるのではないでしょうか[*1]？　本章では，かれらへのサポートの課題を知ることを通して，福祉とは何かを一緒に考えましょう。

第1節　外国につながる人とは

▼1．イメージと現実の違い？──滞在の長期化

日本には今，外国につながる人たちが数多く暮らしています。仕事，留学，国際結婚など，その理由もさまざまです。

戦前には，日本が植民地支配をしていた朝鮮，中国から来日し，日本の工場や炭鉱などで働く人たちがいました。そのなかには，第二次世界大戦後も，すでに日本に生活基盤ができていたこと，母国が混乱していたことなどを理由に，日本での生活を継続した人たちがいました。その子どもや孫たちは，

[*1]　日本は国連が作成した国際人権規約である「経済的，社会的及び文化的権利に関する国際規約（通称Ａ規約または社会権規約）」に批准しています。この規約で保障されている労働の権利，社会保障についての権利，教育についての権利などの社会権は，日本に暮らす外国人にも保障されるべきものとされています。

126　第Ⅱ部　社会福祉について知る

今では3，4世，さらには5世になります。かれらをオールドカマー，または オールドタイマーと呼ぶことがあります。

　1980年前後から，多様な外国人が日本に来日し滞在するようになりました。第二次世界大戦の敗戦後に，植民地としていた中国から日本へ帰国できなかった女性やその子どもたち（中国残留婦人・中国残留孤児）の，日本への訪問や帰国が実現したのもこの頃です。また，日本は難民条約に加入し，ベトナム・ラオス・カンボジアからのインドシナ難民をはじめ，難民の受け入れを行うようになりました。さらに好景気のなか，日本では労働力が圧倒的に不足していました。工場で働く外国人労働者や，パブやクラブなどで働く女性を中心とした外国人女性，日本人と国際結婚をした外国人，留学生など，その数は増加していきました。かれらを，先に述べたオールドカマーと対比させてニューカマーと呼ぶことがあります。

　以上のように多様な来日の経緯はありますが，滞在が長期化するにつれ，結婚や出産，子育てなど，日本を基盤に生活を営み多様なライフイベントを経験する外国人が増えてきています。日本での滞在期間も10年，20年に至る人たちが今や少なくありません。外国人というと，観光客や，日本に一時的に滞在して仕事や留学を終えたら母国へ戻る人たち，というイメージがあったかもしれませんが，現実はずいぶん異なっているのです。

▼2．社会の状況

　今，日本にはおよそ238万2,822人の在留外国人が暮らしています（2016年末現在）。このうち204万3,872人は中長期在留者といって，たとえば，日本人と結婚している人や日系人（在留資格は「日本人の配偶者等」や「定住者」），企業等に勤めている人（在留資格が「技術」や「人文知識・国際業務」など），技能実習生，留学生や永住者です。観光目的で日本に短期間滞在する人は対象になりません。また，33万8,950人は特別永住者です。特別永住とは，第二次世界大戦が終わる前から居住している在日韓国人・朝鮮人・台湾人とその子孫の在留資格になります。

　そして，国籍・地域の数は196（無国籍は除く）にのぼります。多い順に

第9章　外国につながる人の生活と福祉　**127**

中国 69 万 5,522 人，韓国 45 万 3,096 人，フィリピン 24 万 3,662 人，ベトナム 19 万 9,990 人，ブラジル 18 万 923 人，ネパール 6 万 7,470 人と続きます。

また，都道府県により在留外国人数は大きく異なっていて，東京都（50万 874 人，全国の 21.0％）が最も多く，愛知県，大阪府，神奈川県，埼玉県と続きます。

これらの中長期在留者に位置づけられる外国人住民は，日本で生活を営むなかで，時には支援を必要とする課題を抱えることがあります。次節では 2 人の例を見てみましょう。

第2節　外国につながる人たちの生活支援ニーズ

▼1．日々の生活における多様なライフイベントの経験

中国出身の雪梅さん[*2]は中国に長期出張に来ていた日本人男性と出会い，結婚して来日しました。

夫の両親と同居し義父の介護をすることになりましたが，日本語があまりできないこと，日本食が上手に作れないことなどからあまり良い関係が築けず，夫の両親とは別居しました。その後雪梅さんは妊娠し，病院や市役所など，日本語での会話が必要とされる機会が増えました。市役所窓口では，得意ではない英語で訳された妊娠出産の簡単なリーフレット 1 部と，日本語のみのたくさんの資料，母子手帳を渡されました。他県，他市に暮らす中国出身の友人たちと情報交換をするのですが，出産前に行く母親教室のことなど，自分の暮らす市のサービスについての細かな情報を得ることが困難でした。出産費用は高額ですが，健康保険に入っていて事前に手続きをすれば，その費用はほぼ補助で賄われることまでは理解できました。けれども渡された書類は日本語で，たくさんの専門用語が並んでいます。夫はちょうど 1 カ月間の地方出張だったため，書類記入にはとても苦労をしました。

---

*2　本章に登場する地域，団体，人物はすべて仮名です。

子どもが小学校に入学してからまた，新たな悩みが出てきました。PTA
の委員など日本語が必要な場面が増えるにつれ，会話も書類も自分の日本語
力では十分に理解できなくなってきたのです。子どもたちの宿題も，国語の
教科書の音読では適切なアドバイスができず，算数の文章題の意味も分から
ないなど，自信を無くすことも多くなりました。3年生になった子どもは中
国語をほとんど話さなくなり，細かいニュアンスがお互いに伝わりません。
学校で差別やいじめがないかも心配です。一緒に買い物などに出かけること
や，授業参観など学校行事への出席も，外国人の親だとわかると恥ずかしい
からと，子どもに拒否されてしまいます。これからどのように子どもと向き
合っていけばよいか，悩んでいます。

▼2．不安定な就労による生活困難

　ブラジル人のファビオさん（男性）は日系ブラジル人の女性とブラジルで
出会い，結婚し，子どもが2人生まれました。ブラジルは長く不景気だっ
たので，出稼ぎを目的に1990年代終わり頃に子どもを残して夫婦で来日し
ました[*3]。派遣会社を通じて自動車，携帯電話，スマートフォンなどを組み
立てる大手企業の下請け会社で働いてきました。派遣会社の提供するアパー
トには，布団やテレビなど生活必需品が揃っていたので，必要最低限の生活
費以外は貯金と母国の家族への送金にまわしました。やがて日本での生活も
落ち着いてきたため，子どもを呼び寄せました。小・中学生の子どもたちは，
バスでの送迎があるブラジル人学校に通わせました。月謝と送迎代で月に1

---

*3　日系2世の配偶者やその子ども（日系3世）は，1990年の出入国管理及び難民認
　　定法（入管法と呼ばれることが多い）の改正・施行で「定住者」の在留資格が与えら
　　れました。在留資格とは，入管法で規定される外国人が日本に入国・在留する際の資
　　格で，日本での滞在に必要です。27種類の在留資格によって，在留できる期間や行
　　える活動が異なっていますが，活動にもとづく在留資格（外交，技術・人文知識・国
　　際業務，留学，技能実習など）と，身分や地位にもとづく在留資格（日本人の配偶者
　　等や，定住者，永住者など）の大きく2つに分けられます。
　　　「定住者」という身分や地位にもとづく在留資格を持っていれば，「永住者」「永住者
　　の配偶者」と同じように，単純労働を含むあらゆる職種に就労することができます。

人当たり5万円ほどかかりましたが，いずれ帰国することを考えてブラジルの教育を受けさせたいと思い，生活を切り詰めて頑張りました。

けれども2008年秋のリーマンショックで，工場の生産規模が縮小されて人手が余るようになり，とうとう「派遣切り」で仕事を失ってしまいました。派遣会社のアパートからは退去するしかなく，しばらくは知人の家に家族4人で滞在しました。その後，どうにか工場での仕事を見つけることができ，抽選で当たった市営住宅への入居が実現しました。これまでよりも賃金が安く契約も1カ月ごとの更新で，夜間の勤務も多く体力的につらい日もありますが，家族のために頑張る毎日です。ブラジル人学校の月謝を払う余裕がなくなり，子どもたちは公立の小・中学校に編入しましたが，日本語や勉強の内容の違いに戸惑っている様子が見られます。上下左右の部屋に暮らす日本人とは生活リズムが違うためか，音がうるさいと苦情が来たり，ゴミの出し方で注意を受けたり，地域での人間関係も悩む毎日です。いずれ帰国することを前提に，これまで日本の国民年金に加入していなかったため，最近は老後の不安を抱くようになってきました。

▼3. ニーズ解消の困難さ──さまざまな壁

このように外国につながる人たちが，生活のなかで生じたさまざまなニーズを満たすには，乗り越えなくてはならないたくさんの課題が見られます。ここでは「ことばの壁」「心の壁」「制度利用の壁」「文化の壁」「情報アクセスの壁」に分けて整理をしてみましょう。

「ことばの壁」とは，日本語が十分にできないことで日本人と十分にコミュニケーションが取れず，友人ができない，行政手続きの際にスムーズにいかない，さらには日本語のほうが上手になった子どもとのコミュニケーションがうまくいかない，といったことなどです。また，日常生活で使う日本語が上手になっても学校で学ぶ日本語は専門用語や表現の違いもあり，学習の理解は大変です。行政の専門用語も漢字が多く，係の名称なども市町村により微妙に違うため，混乱することもあります。日本語の書き言葉ではひらがな・カタカナ・漢字を覚えねばならず，読むことはもちろん，書けるようになる

130 第Ⅱ部 社会福祉について知る

には，日常会話以上に時間と努力を要します。

「心の壁」は，外国人住民自身が日本社会や日本人に対して抱く何らかの偏見や差別もありますが，むしろ日本人住民から外国人住民への差別，偏見，思い込みが多くみられます。たとえば，どうせ日本語がわからないから，いずれは母国に帰る人だから，といった決めつけで，距離を置き，挨拶もせず，かかわりを持とうとしないことがあります。また，ゴミ出しルールを守らない，夜遅くまで騒ぐ人がいるといった地域の問題を，外国人によるものと決めつけてしまうこともあります。

「制度利用の壁」は，外国人が必要とする支援制度がそもそもない，制度はあるもののその存在を外国人が知らない，制度利用のために必要な手続きなどのハードルが高い，といったことです。日本には，移住する外国人に対応するための総合的な法律や省庁がなく，また移民国家のアメリカが第二言語としての英語教育を行ってきたような，体系的な日本語習得の機会提供もありません。生活支援ニーズを抱えた外国人にも利用可能な制度はいろいろと存在するのですが，「ことばの壁」「情報アクセスの壁」により，的確な情報を必要なときすぐに得られない状況も見られます。母国に同様の制度が存在しなければ，日本の利用可能な制度を想像すらできず，相談に行かないまま，ということもあります。また，いざサービスを利用しようと思っても，手続き書類が日本語だけで書かれていたり，対応職員の知識不足や態度によりスムーズに制度利用が実現しないこともあります。

「文化の壁」は，わたしたち日本人の外国人に対する「心の壁」につながることが多々あります。日本人の家族が，外国人の母国の文化，たとえば食事や宗教，生活習慣などを理解しようとしなかったり，理解不足であることが原因で，差別や偏見，厳しい対応をすることがあります。言語・非言語コミュニケーションの方法が異なることで，日本人から厚かましいと思われたり，逆によそよそしいと感じられ，地域で良好な関係が築けないこともあります。

「情報アクセスの壁」は，外国人が必要とする情報がない，情報はあってもその存在を外国人が知らない，情報提供側の日本人や役所窓口がその情報の存在を知らない，ということに見られます。多言語情報などをただ作成すればよいのではなく，どのように当事者に届けるかという課題もあります。

第9章　外国につながる人の生活と福祉　　**131**

このように母国ではない日本での暮らしには，ことばの問題だけでなく，さまざまな壁が存在しています。母国にいれば家族・親族に相談したり，時には頼ることもできますが，日本ではそういった人的資源も少なく，同じ国出身の人たちが集まるエスニック・コミュニティやエスニック・ネットワークが，自分の暮らす地域に存在するとも限りません。また，そういったコミュニティで得られる情報が，必ずしも正確とは限りません。日本で暮らすなかで，外国人住民はさまざまな生活ニーズを解消しようと自助努力で試みますが，うまく解消できないままに問題が複雑になり，ますます解決困難な生活支援ニーズになっていくことが多く見られます。こうした多問題を抱えた家族がもし，ここまで問題が複雑になる前に，相談に乗り支え励ましてくれるだれかと出会っていたら，そして，必要な制度やサービスについての情報にアクセスし，制度やサービスを早期に利用することができていたら，もっと状況は違っていたのではないでしょうか。

　次に，そうした支援の例としてA県で行っている外国人支援NPOの活動を見てみましょう。

第3節　外国につながる人たちへの支援

▼1.　外国人支援NPOとそのスタッフたちとの出会い

　雪梅さんは夫の仕事の都合でA県さいわい市に引っ越しをしました。手続きに行った市役所には多言語相談窓口があり，中国人相談員が手続きなどで通訳としてサポートしてくれました。そして中国人相談員は，自身も活動している外国人支援NPO「さいわい多文化ひろば」（以下，多文化ひろば）を紹介してくれました。雪梅さんが行ってみると，日本語教室や子どもの学習支援教室，多言語での相談対応など，さまざまな活動をしていました。子どもの教育について相談をしたところ，雪梅さんは日本語学習を，子どもは学校の学習を，多文化ひろばで行うことになりました。

　ファビオさんの妻のエレーナさんは，弁当工場でのパートタイムで日本人と話す機会も増え，もっと日本語が上手になりたいと，住んでいる沿線にあ

132　第Ⅱ部　社会福祉について知る

る多文化ひろばに週に1回通い始めました。もっと安定した仕事をと考えていたところ，多文化ひろば主催の介護職員初任者研修（旧ホームヘルパー2級）講座が開催されることになり，受講をしました。介護の難しい日本語や現場実習も頑張って乗り越え，無事に高齢者施設での就職が決まりました。

▼2．日本語支援から生活支援へ

　雪梅さん，エレーナさんが通うようになった多文化ひろばは，25年前に「日本語ひろば」という名前で活動を始め，15年前にNPO法人格を取得しました。代表の井上さんは，子どもが留学をした際にたくさんの現地の人びとにお世話になったことから，そのお返しとして日本に暮らす外国人の役に立ちたいと考え，日本語ボランティアを始めました。ちょうど1990年前後のバブルの時期で，出稼ぎを目的とした労働者（主に男性）や留学生が多く，日本語支援や国際交流パーティなどを中心に活動を行っていました。時には職場でけがをした外国人の同行で役所や病院に行ったり，非正規滞在で在留資格のない労働者の支援を行うこともあり，しだいに外国で生活を送るなかでのさまざまな生活支援ニーズの存在に気づいていきました。

　バブルがはじけた後も日本に暮らし続ける外国人は多くおり，外国籍同士での結婚や日本人と結婚をする者，日本の治安の良さと暮らしやすさが気に入り母国の妻や子どもを日本に呼び寄せる者も増えてきました。しだいに日本語教室には外国人女性が増え，子育ての相談や夫婦の悩みなど生活相談を多く受けるようになりました。多文化ひろばが活動するさいわい市とその周辺市町の役所でも，日本語があまり上手でない外国人の来庁が増えてきたため，NPOは多言語相談窓口の運営を近隣市町から受託することになりました。

　多言語相談窓口には，日本語学習の相談に始まり，ドメスティック・バイオレンス（DV）についての相談や離婚再婚，子育てや子どもの勉強，学校の悩み，役所での健康保険や児童手当の手続きの問い合わせなど，生活のあらゆる場面での相談ごとが寄せられました。口コミもあり年々相談件数は増え，他県から電話で相談が寄せられることもありました。スタッフは，事務

第9章　外国につながる人の生活と福祉　**133**

所で直接話を聞き，さらに1回で終わりにせず，役所などへと同行するといった継続的な支援を行っていくうちに，相談の背景には多くの生活課題が存在し，自助努力で解決するには限界があること，また問題が複雑になりどうしようもなくなってから相談してきたことなどが見えてきました。

　そうした問題の行政へのフィードバックや，市町の行政情報を多言語で提供する情報誌の発行，行政からの受託によるドメスティック・バイオレンスの被害を受けた母子を一時保護するシェルターの運営，大学や大学生との協働による子どもの不就学問題の調査実施など，外国人住民の生活支援ニーズを解消することを目指し，さまざまな事業を展開しています。

▼3. 支援の課題

　けれども，外国につながる人たちの生活支援を行うこうした団体は，そんなに多くありません。地域で暮らす外国人を支える場として他に考えられるのは，行政の多言語相談窓口や，教会，自治体の外郭団体である県や市の国際交流協会，日本語ボランティア団体，外国につながる子どもを対象とした学習支援団体，外国人当事者による自助グループ，エスニック・ストアなどです。

　日本ではいま，同じ地域に暮らすわたしたち一人ひとりが，外国につながる地域住民と出会い，共に支え合うような環境づくりが，求められています。そして，国や地方自治体は「多文化共生」という言葉で，外国人もともに暮らす社会づくりを進めていこうとしています。総務省は『多文化共生の推進に関する研究会報告書』（2006年）で，「国籍や民族などの異なる人びとが，互いの文化的ちがいを認め合い，対等な関係を築こうとしながら，地域社会の構成員として共に生きていく」社会を「多文化共生社会」と定義しています。

　外国人住民は日本で生活するなかでさまざまな生活課題を抱えていることが，雪梅さんやファビオさんの話からは伺えます。これらの問題はことばや心，制度利用の壁などによって自助努力だけでは解決が難しいことがあり，ボランティアが大きな役割を担い支援を行ってきました。けれども多文化共生社会は，外国人自身だけ，地域住民だけ，行政だけ，支援団体だけが頑張

れば簡単に実現するような社会ではないのです。

第4節　多文化共生社会に向けて

▼1．多様性に配慮した支援へ

　今，日本ではつながりの再構築，その実現のための地域福祉の充実が必要だと言われています。市町村では地域福祉計画が立てられ，高齢者，子ども，しょうがい者など，地域に暮らす多様な人びとの社会的包摂ソーシャル・インクルージョンが必要だとされ，さまざまな取り組みが地域では行われています。けれども地域に暮らす外国人住民が，地域の一員としてカウントされることはまだまだ多くありません。福祉とは人の幸せの追求ですが，人には多様性が存在します。多文化というと，外国人を思い浮かべる人が多いと思いますが，大人と子ども，高齢者と若者，出身地域による文化の違いなど，日本人のなかにも多様な文化が存在しています。そのように考えると，多文化共生は，地域福祉における社会的包摂と多くの重なる点を持っています。あらゆる人の多様性を尊重することのできる地域づくりが今，求められているのです。

▼2．いつも「助けてもらう」存在なのか？

　外国人住民はいつも，いつまでも助けられる側ではありません。

　中国出身の雪梅さんは今，中国語を学びたい日本人を対象とした中国語教室を多文化ひろばで開いています。また，教育熱心なことを買われて，ＰＴＡの役員活動も引き受け，日本人の友人も増えてきました。運動会で中国の踊りを取り入れたいと言われ，曲の選定や振付の協力もしました。最近来日した中国人たちの相談にも乗るようになりました。日本と中国の，教育制度や学校生活の違いなども教えることがあります。

　ブラジル出身のエレーナさんは，持ち前の明るさと高齢者の方への敬意と気配りが大変好評で，勤務先の高齢者施設で欠かせない存在となっています。子どもたちは毎年多文化ひろばのキャンプに参加し，大学生になった長男は

第9章　外国につながる人の生活と福祉　　**135**

キャンプの運営スタッフ，高校生になった長女はキャンプリーダーとして
キャンプ事業にかかわるなど，外国につながる子どもたちを支える側になり
つつあります。

ファビオさんも団地の自治会役員として，日本人とブラジル人の橋渡し役
を引き受けています。また，ブラジル人が多く住む地域であることから，ブ
ラジル人同士情報交換をし，お互いにサポートし合うために自助グループを
作り活動を始めました。自助グループでは，母語であるポルトガル語による
相談対応や，SNSサイトを立ち上げての情報提供，高校・大学進学ガイダ
ンスの開催，地域のイベントでのブラジル文化紹介などを行っています。そ
して，高齢化したブラジル人のためのデイサービス実現に向けて，取り組み
を始めたところです。

自身が本来持っている力を出せるようになることをエンパワメントといい
ますが，多くの外国人住民は今，地域に根を張り，生活支援ニーズの解消を
目指し，さまざまな活動に自ら取り組むようになっています。そして，多文
化ひろばのような団体とそのスタッフ，ボランティアは，外国人住民のエン
パワメントを直接的・間接的にサポートする役割を担っていると言えるで
しょう。

▼3. 地域で共に支え合う仲間として

少子高齢社会の日本では現在，増えつつある日本生まれ日本育ちの外国に
つながる若者が，地域でさまざまな取り組みに挑んでいます。団地住民の高
齢化が進むなか，中国残留孤児やインドシナ難民の子や孫が家族を形成し，
子育てをしている公営団地があります。そこには，地域の清掃活動や防災活
動の中心を担う2世，3世の若者たちがいます。また，日本語が不自由なこ
とから閉じこもりがちな高齢の中国残留孤児を誘い，健康とコミュニケー
ションを目的とした体操教室を集会所で開催する中国残留孤児2世の女性
などがいます。

多文化ひろばが活動するA県は，「外国人地域デビュー」事業を多文化ひ
ろばに委託し，地域での活動に貢献したいという外国人が日本人とともに地

136 第Ⅱ部　社会福祉について知る

域の美化に取り組んだり，フェスティバルの企画などを行う試みを行っています。多文化共生施策では，外国人住民が地域活動などに参加すること，マジョリティ側の日本人社会が変容することなども目標とされていますが，そのためには，身近な市町村自治体が環境を整備していくことも求められます。

　日本人，外国人の区別なく暮らしやすい地域を，行政，NPO，ボランティア，地域住民それぞれが協力し合い共に創っていく機会を増やしていくことができれば，子どもも大人も，高齢者も，しょうがいを持った人も，誰もが暮らしやすい地域になるのではないでしょうか。みなさんもまた，多文化共生社会を創る担い手の一人として，地域での活動に参加してみませんか。

第III部

社会福祉を担う人たち

第10章
社会福祉の現場で働く専門職

はじめに

　本章では，社会福祉のしごとと，そのしごとに従事する人たちについて整理します。「人間らしく生きる」という"当たり前"を何かの理由で邪魔された人たちが，その"当たり前"を取り戻すために社会福祉は存在します。そこで，まずは社会福祉のしごとを3つの側面から整理します。なぜこれらの働きかけが求められるのかとあわせて，社会福祉のしごとが何を行うのかを確認します。また社会福祉のしごとは"現場"ごとに違います。社会福祉を必要としている人たちのいる場所が，社会福祉の"現場"です。あわせて，人間が生きる"現場"を区切ることの弊害についても考えてみます。

　以上を踏まえて，どのような資格を持った人たちが，何と呼ばれているのかを整理します。社会福祉の世界では同じ資格を持っていても，働く場所によって異なる呼び方をすることがあります。呼び方の違いを踏まえつつ，社会福祉専門職に共通する特徴を確認します。

第1節　現場で何を行うのか？

　「人間らしく生きる」ことを支えるのが社会福祉のしごとであるなら，それがうまくいっていない場面ではどんなしごと（働きかけ）が求められるのでしょう？　ここでは大きく3つに分けて示します。

140　第Ⅲ部　社会福祉を担う人たち

▼1.「支持する」

　「勉強したのに試験の結果が良くなかった」「頑張っているのに認めてもらえない」。努力をしても，いつも思い通りの結果が得られるとは限りません。こうした経験はわたしたちを落ち込ませ，時には自分の価値を疑うことさえあるかもしれません。たとえば，「自分はダメな人間だ」といったように。

　しかし，多くの人はしばらくすればそこから回復します。確かに望み通りにいかないことはあっても，「私は私であってよい」のだと信じ，生きていてもよいのだと思うこともできます。たとえば，「今回は失敗したけれど，よい経験ができた」といったように，その経験に価値を見出すといった，尊厳を回復するための機会も与えられているからです。

　しかし，常に，あるいは立て続けに，自分の価値を疑いたくなるような経験をしている人たちには，尊厳の回復をはかるための十分な時間が与えられません。好きなときに行きたい場所に行けない。お腹が空いているのに食事代がない。生きていくことに困っている状態を無視されるということは，日常的に存在を否定されるのに等しいのです。

　社会福祉が行わなければならないしごとの第一は，人間の存在の支持です。誰もが生きていてもよいと当たり前のように思えること。思い通りにいかないこともあるけれど，そんなことばかりでもない社会を保障すること。たとえば病気や怪我，親がいない，お金がない，といった生きづらさを強いるさまざまな「理由」から解放し，「私は私であってよいのだ」と信じられるように，人間の存在を肯定することが社会福祉のしごとの基本となります。

▼2.「対決する」

　社会福祉のしごとが人間の存在を支持するなら，もしも社会が特定の人間を排除しようとするならば，抗議しなければなりません。よって「対決する」ことも社会福祉のしごとに含まれます。具体例としては既存のサービスの充実を図るために新たに制度を作る，あるいは法律を変えるといった働きかけ

第 10 章　社会福祉の現場で働く専門職　**141**

などが該当します。

　また，人間の「存在」は支持しますが，人間の存在を否定する「行為」とは対決します。虐待と呼ばれる行為もその1つです。仮に加害の意図がなくとも，子どもや高齢者，しょうがいのある方たちなどに対する一方的な支配や暴力行為とは対決しなければなりません。ただ，対決は罰を与える，あるいは排除することとは異なります。人間の尊厳を傷つける行為が発生した事実を突き付けることで，現状を打開する方法を一緒に見出すためのきっかけを作ることが目的だからです（そうした行為に及んだ人たちも，生きづらさを抱えています）。対決とは向き合うことでもあります。

　対決は，簡単ではありません。新しい制度を作ろうとするときなどは経済状況が変革を許さないこともあります。しかし，"難しいからやらない"という言い訳は妥当ではありません。「挑戦」という意味を社会福祉に含ませれば，"難しいからやる"という理屈だって成立します。解決策が簡単に見つからないなかで，特定の人たちだけに困ってもらうことで社会の維持を図ろうとする安直さとも対決する必要があります。

▼3. 「つなぐ」

　社会が特定の人間の存在を排除するときには，社会福祉のしごとは対決するのと同時に，社会との「つながりの回復」（稲沢・岩崎，2008）を行うことになります。たとえば，視力の弱い方にとって一緒に案内をしてくれる人（ガイドヘルパー）や盲導犬の助けを借りることができれば，行動範囲を広げることが可能です。しかし，案内してくれる人がいない，あるいはその人の存在を知らなければ，社会とのつながりが遮断される可能性もあります。

　社会福祉も「自立（または自律）」という考え方を大切にしています。しかし，自立とは自分一人の力で生きることではありません。たとえ無人島にたった一人で暮らしていたとしても，他の動植物の力を取り込みながら生き長らえる必要があります。そして，そうした動植物もまた人間から何か（たとえば排泄物など）を取り込みながら生きざるをえません。このように，世界は本来，互いに支え合う循環を有しています。人間同士の付き合いのなか

でも，頼り，頼られながら生きています。あまりにも当たり前すぎて，普段は忘れてしまうほどです。

　社会福祉はその「当たり前」を保障することを目指します。「頼ることができる」ことも人間が有する能力であり，権利の一部でもあるからです。情報提供という形でサービスや制度の存在を伝え，サービスと困っている人を引き合わせることなどは「つなぐ」実践の代表例です。そして，介護などの形で直接的にその人の活動を補助することも「頼ることができる」能力の保障であり，人びとが支え合う循環のなかで生きるうえでは不可欠であるという意味で「つなぐ」実践に含まれます。同様に，権利を侵害された人たちの声を代弁し，社会に還元する過程も「つなぐ」実践といえるでしょう。

　これまで，生きづらさを抱える人びとを「欠けている」状態として捉える傾向がありました。社会福祉のしごとを「更生（正）させる」「指導する」，あるいは「補う」と考えてきた時代もあります。しかし，そもそも何を満たしていないことをもって「欠けている」とみなせばよいのでしょうか？ 100 mを10秒台で走れないことも，1,000万円の貯金がないことだって，「欠けている」と言えなくもありません。わたしたちはみな，基準の設定次第では何らかの形で「欠けている」のです。

　「欠けている」ことではなく，「つながりを断たれた状態」を「問題」とする傾向が，社会福祉のしごとにはあるのかもしれません。そして，生きづらさが無視されてしまうのは，社会のバランス調整がうまくいっていないからだと考えます。なぜ子どもたちの主張は聞き流されてしまうのか。幼いことはそのまま無視（排除）される条件として妥当ではないはずです。幼いなりの方法で，自らの意見を主張することはできます。彼（女）らの声を聞き届ける能力に「欠けている」のは「大人」と呼ばれる側の人たちであり，「大人」にとって都合よく作られてきた社会の至らなさともいえます。つまり，こうした不備を子どもたちが引き受けることで，社会は成立しているともみなせるのです。

　では，社会の至らなさの影響は一部の人たちだけに引き受けてもらえばよいのでしょうか？　この問いに「NO」と答えるために，社会福祉のしごとは存在します。その人（たち）のやり方で循環のなかに生きるための方法を

第 10 章　社会福祉の現場で働く専門職　**143**

探ることが社会福祉のしごとであり，ここではこうした実践を「つなぐ」実践と呼ぶこととしました。

第2節　どこで働くのか？

次にここまで整理した社会福祉のしごとが，どういった"現場"で展開されるのかについて確認したいと思います。

▼1. 対象にする人たちがいる"現場"と，　"現場"によるしごとの違い

人びとがつながりのなかで生きるための働きかけはさまざまなところで必要とされています。ライフサイクルを軸にみると，妊婦への出産準備の支援，子どもの育ちを支える実践，社会的自立を迎えた青少年期の不安に対する支援，退職後の中高年の居場所作り，高齢期の介護，などそれぞれに生きづらさが生じる可能性があります。またこころや身体の状態によって生じる生きづらさ（病気，知的な発達の遅れ，こころの機能の低下，身体のしょうがいなど）もあれば，家がない，お金がないといった環境上の理由から生じる場合もあるでしょう。また，虐待やドメスティック・バイオレンス（DV）を受ける人（たち）の保護や生活のサポートにも社会福祉は取り組んでいます。そして，外国にルーツを持つ方たちの生活支援や，司法福祉と呼ばれる，法を犯した方達の社会復帰を支援する実践も注目されています。

人びとの生きづらさが生じた場所が，社会福祉のしごとが展開される"現場"です。そして現場の個性が，社会福祉のしごとの中身にも影響を及ぼします。たとえば，3歳の子どもがイタズラをしたときと，20歳の青年が法に触れる行為をしたときの「対決」のしかたは異なります。つまり，保育園と触法青年のための社会復帰施設では，同じ「対決」であっても，"どのように"行うのかに違いが生じます。社会福祉のしごとは現場によって異なり，そこで生きる人たちの個性が反映されます。

144　第Ⅲ部　社会福祉を担う人たち

▼2.「施設」という現場，「家」という現場

　社会福祉の現場について理解するために「施設」という存在についても確認しましょう。社会福祉に関するサービスを直接提供する場所のことを社会福祉施設（以下，施設）と呼び，施設内に居住して利用する場合と，自宅などから通って利用する場合の主に2つのパターンがあります。入所型の施設の代表例として，養育者が不在となった子どもが利用する児童養護施設，介護の必要となった高齢の方が利用する特別養護老人ホームが挙げられます。入所型施設では日常生活を24時間支えるサービスが提供されます。食事，入浴，排泄といった日常的な行為に加え，集団でのレクリエーションに参加する機会の提供なども含まれます。また，入所型施設は「ずっといる場所」というわけでもありません。入所する理由がなくなれば退所します。たとえば，母子生活支援施設という父親のいない母子（ひとり親家庭）が入所する施設では，住居を確保して生計を立てられるようになる，あるいは子どもが18歳になって法律上「児童」ではなくなると退所となります。

　通所型の例としては，しょうがいのある方たちが就職に必要な技術や技能を身に付けるために利用する障害者多機能型事業所，高齢の方が介護サービスやリハビリなどのために利用するデイサービスがあります。通所型施設では限られた時間のなかでサービスが提供されます。よって施設で行うサービスだけでは限界があります。そこで家に訪問して提供するタイプのサービスと組み合わせて利用することが多くなります。たとえば，家に介護や家事をサポートする人を派遣する訪問介護（ヘルパー派遣事業），専用の簡易浴槽を持ち込んで自宅で安全に入浴できるサービス（訪問入浴）などです。

　このように複数のサービスを利用するときには，サービスの重複や抜け落ちがないようにしなければなりません。そのための調整をケアマネジメント，またはケースマネジメントと呼びます。たとえば高齢者を対象とする介護保険制度上の地域包括支援センターなどはケアマネジメントを担う代表的な施設（機関）です。ケアマネジメントもまた，「つなぐ」実践といえるでしょう。

　生きづらさのなかでも，生命活動の維持が自力で難しい場合には入所型の

施設が利用される傾向があります。これは，マンパワーやハード面（建物の構造や設備など）の問題があるからだと考えられます。24時間，常に手助けが必要な場合，入所型施設で対応する方が人員や場所を確保しやすい事情があります。設備面でも個人がリフト付きの機械を自宅に取り付けるのは予算的にも，家の構造的にも難しいかもしれません。では，この理由は生きづらさを抱える人たちにとってどのような意味があるのでしょうか？　1ついえるのは，それでも「自分の家で暮らしたい」と思う人たちもいる，ということです。

　「住み慣れた場所で暮らしたい」。これは人間の基本的な欲求です。この欲求を"当たり前"として扱う試みも始まっています。入所型施設でも個室や少人数の居室が増え，施設内の居室を住み慣れた場所に近づける工夫も行われています。また，施設と住み慣れた場所，家や地域社会とをつなぐための実践も行われつつあります。

▼3．人間が生きる"現場"にすき間を作らないために

　社会福祉では人間の生きづらさの原因を人びとの個性（児童福祉，高齢者福祉など）や，場所の個性（施設福祉，在宅福祉など）で分類することで，その人（たち）に合わせた働きかけを行ってきました。しかし，子どもは子どものままではなく，高齢の方が病気を患うこともあります。人間はさまざまな側面をもち，変化し続けるのであり，1つのカテゴリーに当てはめるだけでは十分ではありません。「〇〇福祉」という枠組みを設けてそのなかだけで対処すればよいという考え方は，社会からの排除を促すことになりかねません。また，施設と家を区別するということは，施設の属する社会，家の属する社会といったように，社会を分断するということでもあります。

　一人ひとりの個性に合わせて，一人の人間のライフサイクルのつながり（連続性）を尊重し，他者とのつながり（関係性）のなかで生きることを支える，という課題と社会福祉は向き合い続けています。この課題に対する取り組みの1つとして，人が生きる現場としての地域に着目し，福祉の"現場"としての地域を創る努力も行われています。家も施設も，それらが存在する場

所を地域と呼べば1つの場を共有することができます。子どもも，大人も，しょうがいがあろうがなかろうが，そこに住む住民です。一人ひとりの個性を尊重しつつ，共有できる現場を作り上げようとする取り組みも社会福祉のしごとです。

　具体的には，入所型・通所型施設ともに，近隣の住民との交流事業に力を入れる動きが見られます。ボランティアの受け入れもその1つであり，これまで施設内だけで開催されていた行事をご近所の方たちが参加できるようにする，近隣の小学校からの慰問を高齢者福祉施設が受け入れる，などの交流活動も行われています。また，行政計画の立案段階から住民が参加し，誰でも集まれる居場所を作る取り組みを住民主体で行っている地域もあります。社会福祉のしごととして，こうした住民の主体的な活動をサポートし，つながりを豊富に有する地域づくりに関与することも行われています。

　また，「地域包括ケア」の体制作りも進められてきました。これは，専門領域も，施設も家も，それぞれの垣根を越えて必要なサービスを提供するためのしくみを地域のなかに作る取り組みです。自宅に住みつつ，介護者が休みたくなったら一時的に施設を利用できる。施設に入所していても，受け入れ体制があるときには家に帰ることができる。医療や保健などさまざまな領域の専門職が協力し合い，垣根を越えて人びとを支え合うしくみのなかでも社会福祉の「つなぐ」実践は必要とされています。

第3節　誰が，社会福祉の現場で働く専門職なのか？

▼1．専門職とは？

　社会福祉のしごとを担う人たちについて確認する前に，専門職の特徴について整理します。専門職とは本来「一般に，理論的知識に基礎づけられた熟練技術，高度な教育訓練，成員の資格能力テスト，団体組織の形成，職業的な行為綱領の順守，愛他的な奉仕などの要素を満たす職業」（古川ら，2006）と定義され，伝統的には医師や聖職者などに対して用いられてきました。昨今ではさまざまな領域で専門職化の傾向が見られ，社会福祉も例外ではあり

ません。

　専門職について，ここではしごとの側面から考えてみたいと思います。しごとは，"自分にとって"楽しいこと，心地よいことなどを追求する"趣味"や"娯楽"とは明確に区別されます。"自分以外の"誰か（何か）に何らかの利益をもたらすことを第一の目的とする行為がしごとです。結果として満足感や達成感などが得られたとしても，まずは"差し出す（提供）"行為が優先されます。

　では，"差し出す"うえではどのような責任が発生するのでしょうか？窪田（2013）はその責任として，①援助関係の質を定める第一の責任は援助者側にあること，②専門的知識や情報を高めるための条件を整え，絶えずそれを実行していること，③援助過程に私的な利害を侵入させないこと，④社会的に承認されている範囲を超えてクライエント（サービスの利用者）の生活に侵入しないこと，の4点を挙げています。この内容を参考にすると社会福祉専門職とは，利用者の利益を優先的に追求するなかで利用者との信頼関係を築くことに責任をもち，自己研鑽に励み，自らが持つ力（権限）を濫用したり，自分が利益を得るために困っている人たちを利用しない，といった責任を負う必要のある人たちといえるでしょう。

▼2．社会福祉のしごとと資格，そして"呼ばれ方"

　社会福祉専門職にはさまざまな呼び名がありますが，「資格」「業務内容」「現場の種類」の3層構造から使い分けられています。

　まず「資格」です。専門職化が進められてきた社会福祉のしごとには，いくつかの国家資格があります。社会福祉士，精神保健福祉士，介護福祉士などです。社会福祉士とは「社会福祉士及び介護福祉士法」という法律で定められた資格で，専門的知識や技術を使って福祉に関する相談に応じ，他のサービス提供者との連携を調整する職種です。ちなみに，精神保健福祉士はこころの働きに支障が生じた人たちに特化した相談業務に従事する職種（資格）です。また，介護福祉士は「社会福祉士及び介護福祉士法」で介護に特化した職種として位置づけられています。

148　第Ⅲ部　社会福祉を担う人たち

これらの国家資格は「名称独占」とされ，資格を取得した人だけが名乗ることができます（医師免許のように，有資格者だけが業務を行うことができる国家資格は「業務独占」と呼ばれます）。また，「任用資格」といって，条件を満たした人が特定の業務に就く場合にのみ名乗ることのできる資格もあります。社会福祉主事と呼ばれる資格は，厚生労働大臣の指定する社会福祉に関する科目（社会福祉学概論・心理学・看護学などの 34 科目）の内，大学等で 3 科目を履修し，行政機関や施設などで社会福祉にかかわるしごとに就く際に名乗ることが許されます。

　社会福祉の専門職は資格以外にも呼び名があります。ソーシャルワーカーとケアワーカーです。これは「業務内容」から社会福祉専門職を分類する際に使う呼称です。大雑把にいうと，ソーシャルワーカーは相談業務に携わる人を表します。「ケア」という用語は「世話，介護，気配り」の意味を持ち，ケアワーカーは介護や養育行為などにかかわる人のことをいいます。この分類でいうと，社会福祉士や精神保健福祉士はソーシャルワーカー，介護福祉士はケアワーカーにあたります。

　ただし，実際には相談業務（ソーシャルワーク）とケアワークを明確に分けることはできません。たとえば相談しながら車いすで介助する場合もあるでしょうし，入浴介助をしているときに悩み事を相談される場合だってあります。区別することにあまり意味はなく，社会福祉のしごとにはこうした 2 つの側面があるという理解が重要です。

　また，社会福祉専門職の呼び名は，その人たちがどこで働くのかによっても異なります。これには法律により決められている場合と，所属する組織（施設など）が独自に決めている場合があります。よく使われるのは「～相談員」「～支援員」「～専門員」「～指導員」などです。よく用いられる呼称のいくつかを **図** 10-1 に紹介します。

　また，社会福祉の現場には，社会福祉専門職以外の職種も働いています。代表的な職種としては医師，看護師，保健師，心理士，栄養士，理学療法士，作業療法士，言語聴覚士等が挙げられます。法律などで配置基準が決まっている場合もありますが，施設や機関が必要に応じて独自に配置している場合もあります。こうした他領域の専門職と協働することで人びとを支える努力

第 10 章　社会福祉の現場で働く専門職　**149**

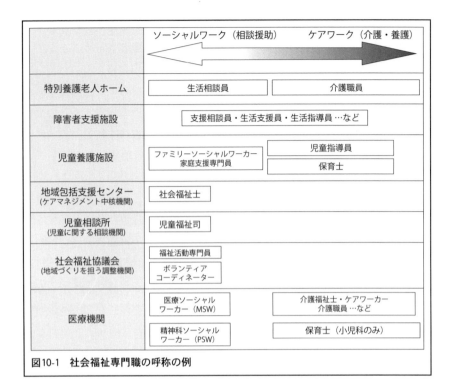

図10-1 社会福祉専門職の呼称の例

をしています。

▼3．社会福祉の現場で働く専門職の特徴

　最後に，社会福祉専門職の特徴について確認します。まず，社会福祉専門職のしごとは単独ではできません。生きづらさの原因は１つではないからです。家族から虐待されている高齢者がいたとします。家族が虐待に及ぶ背景には重度の介護負担，経済的な困窮があるかもしれません。「困っているのに助けてもらえない」。孤独は人間を追い込みます。「虐待しよう」という意思がなくとも，そうせざるを得ない状況に追い込まれることもあるのです。そんなときにたった１つの方法で，もしくはたった一人で，この生きづらい状況にある人たちを支えることができるでしょうか？　社会とのつながり

のなかで生きることを支える以上，社会福祉専門職もまたそのつながりのなかで働かざるをえません。

そして，生きづらい状況にある人（たち）との協働作業となることで，社会福祉のしごとははじめて成立します。「人間らしく生きる」とは，結局，自分らしい生き方を模索する過程のなかで実現します。専門職だからといって勝手に他人の"自分らしさ"を決めることなどできません。できることがあるとするなら，その人（たち）自身が"自分らしさ"を作り上げようとする過程を支えることであり，このことは"一緒に"作る，と言い換えられるでしょう。福祉には「幸せ」という意味が含まれています。幸せの基準は自分にしか決められず，社会福祉専門職はそのことを謙虚に受け止め，社会福祉を必要とする人たちとのつながりのなかで働くことが求められます。

ただし，誰かと一緒に働くだけであれば他の専門職でも同じです。特徴的だとすれば，福祉のしごとは一緒に働く人びととの関係性のなかでしごとの範囲が決まる点だと思われます。これは「つなぐ」ことが主要な働きかけの1つだからです。たとえば，他職種がサービスの説明をしているときに，「それはわたしのしごとだ」といって張り合う社会福祉専門職はいません。それでも，もし，困っていることに気づいてもらえない人がいたら，すぐに駆けつけ，自らにできることを遂行するでしょう。また，杖を使えば歩ける人をいつでも車いすに乗せることもありません。しかし，長距離の移動時や杖の使いづらい道を歩かなければならない場合には，車椅子の利用を勧めた方がよいこともあります。状況や環境によって，隙間ができないように「つなぐ」必要性を見極める必要があります。

「しごとの範囲を決める」と，必然的に「しごとの範囲"外"を決める」ことになります。そのリスクとして，「その人に合わせて」「状況（環境）に合わせて」といった柔軟な対応が難しくなります。ただ，そのなかでもしごとの対象となるか否かを見極める基準は存在します。それが，「生きづらさ」とそれに伴う「つながりの回復の必要性」です。

社会福祉専門職はそのしごとを，範囲の内外を分ける境界線によってではなく，「なぜ働くのか」「何のために働くのか」という原理（基本的な法則）を軸にしながら柔軟に決めてきました。「人間らしさ」のなかに含まれる多

第10章　社会福祉の現場で働く専門職　**151**

様性や可変性（変わりやすさ）を尊重するために，排除ではなく包摂（包み込むこと，含めること）から戦略を立てる点が社会福祉専門職の最大の特徴であるといえます。

文　献

古川孝順・白澤政和・川村佐和子編（2006）『社会福祉士・介護福祉士のための用語辞典［第2版］』誠信書房

稲沢公一・岩崎晋也（2008）『社会福祉をつかむ』有斐閣

窪田暁子（2013）『福祉援助の臨床——共感する他者として』誠信書房

尾崎 新（1997）『対人援助の技法——「曖昧さ」から「柔軟さ・自在さ」へ』誠信書房

第11章

ボランティア・NPOの果たす役割

はじめに

　皆さんは，「ボランティア」と聞くとどのようなものをイメージするでしょうか。たとえば，地域のゴミ拾いなどの活動や，災害にかかわるボランティアの姿などを思い浮かべるかもしれません。ボランティアの活躍する領域はさまざまですが，その1つに福祉を担うボランティアの存在があります。

　社会福祉のしくみのなかには，人びとの自発性にもとづく活動の積み重ねのなかで，制度として作り上げられてきたものも多くあります。そして制度としての社会福祉はフォーマル（公的）な支援として位置づきますが，まだまだフォーマルな支援だけでは，さまざまな生活にかかわるニーズに応えていくことはできません。フォーマルな支援とともに，家族，友人，近隣住民，ボランティアなどによるインフォーマルな支えがあることで，より一人ひとりの生活に合った支援が可能になるのです。

　本章では，ボランティアの活動からこんにちの福祉を支える担い手の姿を学ぶとともに，現代社会で生じている多様な生活課題に気づき，どのようにその改善に向けて取り組むことができるかを考えてみます。

第1節　福祉を担うボランティア

▼1．ボランティアとは

　ボランティアの活動は，自発的なものであることに1つの特徴があります。なぜ人びとはボランティアとして活動をするのでしょうか。全国社会福祉協議会が2009（平成21）年に行った「全国ボランティア実態調査」の報告書によると，ボランティア活動参加の動機は，「自分自身の関心や趣味の活動から自然につながった」場合が最も多く，その他に「社会やお世話になったことへの恩返しをしたかった」「地域や社会を改善していく活動にかかわりたかった」「困っている人を助けたいと思った」なども多く見られます。

　第5章でも示されているように，ボランティアとは他者や地域が抱える課題に気づき，それを他人事にせず自分にも結び付いているものとして捉え，困難な状況を変えていくために働きかけていく人やその活動を表しています。ボランティアという言葉には個人を指す場合もあれば集団を指す場合もあるように，その活動は，自発的に活動する人びとが集まり組織的に行われることもあります。そこでこの章ではボランティアを，福祉的な課題に対して自発的にかかわる個人と組織の両方を含めたものとして考えていきます。

▼2．「してあげる」のではなく「ともに」

　福祉を担うボランティアの活動では，具体的な人と人との出会いがあり，多様な人間関係が形成されています。ここで重要なことは，ボランティアの活動は困っている人を助けてあげる活動ではないことです。

　もし皆さんが何か困ったことがあったときに，周りから「やってあげる」「助けてあげる」というふうに言われたらどのように感じるでしょうか。親しい人なら「ありがとう」と素直に受け入れられるかもしれませんが，その人との関係のあり方によっては恩着せがましく感じたり，余計なおせっかいと思ったりするかもしれません。「○○してあげる」という意識がボランティ

154　第Ⅲ部　社会福祉を担う人たち

アの側に強くなると，いわゆる「上から目線」でのかかわりに陥ってしまうかもしれません。ボランティアの目線は，支援を必要としている人と同じ位置での目線ではないでしょうか。生活課題を抱えている人と「ともに」，切実な課題に何ができるかを考え行動していくことが重要です。

▼3．組織としてのボランティア

ボランティアは個別に活動するだけではなく，活動を通じてつながった人びとが組織や団体を作って活動していくこともあります。ボランティアの活動は自発的であるがゆえに，活動の継続性や量の確保などには不安定な部分もありますが，組織を作ることでより安定した活動基盤を得ることができます。では，ボランティアはどのようにして結びついていくのでしょうか。

ボランティアはすでに述べたように最初は目の前にある切実な課題がきっかけになって，その活動に取り組むことが多くあります。そうしてその活動を続けているうちに，今まで気がつかなかった課題が新たに見えてきて，今の状況を少しでも変えて，よりよくしていきたいと考えるようになるかもしれません。そのときに，一人の力で取り組むことが難しい場合もあります。自らの気づきを他の人に呼びかけて，賛同してくれた人たちが集まり，その集まりが同じ目的を持った人びとによるボランティア組織となり，社会を変えていく1つの力となっていきます。

ボランティア組織は，自発性にもとづいた新たな人間関係をもとにしています。個人としてのボランティアが結びつくためには，活動を通じて何を目指していくのか，何のために活動していくのかといった，目的が共有される必要があります。ボランティア組織は少人数によるものから，NPO（非営利組織）と呼ばれるより大きな団体までありますが，一定の目的を共有して人びとがつながっている点は共通しています。NPOの場合，この目的はミッション（mission）と呼ばれる社会的使命に当てはまります（NPOについては第5章を参照）。

第11章　ボランティア・NPOの果たす役割　**155**

第2節　ボランティアを通じた他者とのつながり

▼1. 重なり合う生活の場

　ボランティアとは他者が生活を営むうえでの困難や課題に気づいて，「今」の問題に自発的・具体的にかかわっていく人びとであることを見てきました。ここには，現代社会で人と人がどのようにつながっていくのかという，その新しい形が含まれています。

　農山村に代表される伝統的な地域社会では，血縁や地縁といった，血がつながっている，同じ地域に住んでいるという，ある意味で見えやすく，わかりやすいつながりが存在していました。そこでは現在のように福祉サービスが整っていない段階でも，たとえば介護などの生活上の課題を抱える人に対して，家族や親族，ときには近隣の人びとによる支え合いが行われてきました。しかしボランティアの活動の場において血縁や地縁は必須のものではなく，むしろ性別・年齢などの個人的属性や居住地域を超えて集まった人びとによるまったく新しい関係のもとに行われる場合も多くあります。たとえば，東日本大震災においては，全国各地からボランティアが現地に集まり，住民とともにさまざまな活動が行われてきました。ボランティアが自発性にもとづいていることは，わたしたちが他者と自由に出会い，関係を作っていくことを可能にします。

　また，わたしたちの生活は自宅や学校，職場，趣味の活動の場などのさまざまな場で成り立っており，それぞれの場ではかかわりを持つ人びとも変わってきます。同時にそれぞれの場において，自分の生活の一部分と，そこでかかわる人びとの生活の一部分は重なり合っています。「ボランティア活動の場」も，新たに生まれる生活の場の1つです。こうした新たな出会いや自由な関係形成もボランティアの魅力でしょう。

▼2.「今」に向き合う

　戦後，日本社会は高度経済成長を経ながら社会福祉制度を整備・拡充して人びとの生活課題に対応してきました。都市地域では急激な人口の集中を見るようになりますが，隣近所の住民の顔がわからないといったように，農村地域でみられたような人びとの共同の基盤は弱まってきました。また都市的な家族の形態として核家族化も進行してきました。そしてさまざまな生活上の課題に対応するために，制度的・専門的な支援のしくみを必要とするようになってきました。都市的な生活においては，たとえば子育てを家族だけで行うことが難しくなれば，保育園などの外部の専門機関を利用し，また高齢者のケアは，社会福祉施設などの専門機関によって提供されるサービスを利用し，家族が果たしていた役割は外部化されるようになってきました。つまり，福祉的課題を含めた家族の生活課題は，家族だけでの対応が困難になり，代わりに専門的な機関に対応をまかせるようになってきたのです。

　現在も社会の変化に合わせて，たとえば介護保険制度などの新たな支援のしくみが整備されてきています。制度による生活の維持の保証はわたしたちの生活が安定するための重要な要素ですが，制度ができるには議論を重ねて人びとの合意を得ることや，実際に運用するための体制の整備などが必要であり，一朝一夕で成立するものではありません。

　しかし生活課題を抱えている人びとは，まさに「今」この時を生きているのであり，その意味で切実な状況に常にあり，制度の成立を待っていられない面があります。ボランティアの活動はこうした「今」に向き合い，自分に何ができるかを見つめながらニーズを持った人びとの生にかかわったり，生きづらくしている現実を何とか変えていこうとしたりする試みであるということができます。ボランティアの1つの意義として，このような目の前で起きていることに対応する即応性という点をあげることができます。

第11章　ボランティア・NPOの果たす役割　**157**

▼3．つながりの拡大

　ボランティアの活動には，生活課題を抱えている人を，問題を解決できるしくみや人びとにつなげていくという橋渡しの役割（架橋性）もあります。ボランティアの活動は常に新しい出会いの機会にあふれています。しかし，人とのつながりが増えていくなかで，あるいはそれによって新しい課題を発見していくなかで，一人のボランティア，1つのボランティア組織が活動できる範囲には限界があります。また，すべての課題にボランティアのみが対応しなければならないわけでもありません。自分の力だけでは補いきれない部分も，他の人びとやしくみの力を借りて，より大きな支援の輪を作っていくこともボランティアの重要な活動です。

　場合によっては生活上の課題を直接解決できるような人びとやしくみが，すぐには見つからないこともあります。そのようなときは，新しくつながりを作ることでその課題にかかわる人びとを増やし，新しいしくみを作っていくこともあります。自分が自発的につながるだけではなく，他の人びとやしくみにつなげていくことがなぜ重要なのでしょうか。それは，つなげることでより多くの人がその課題のことを知り，それぞれが自分のできる範囲でかかわりを持つきっかけにもなるからです。

　たとえば，一人のしょうがいのある人に出会ってその困った状況を知ることで，同じような困難を抱えた他のしょうがいのある人びとの存在にも気づき，その人たちと出会っていくかもしれません。またたとえば，しょうがいのある人びとの介助のボランティア活動があったとして，その活動にかかわるボランティアやしょうがいのある人びとが集まり，それぞれの日々の状況を知るなかで，介助以外の新しい課題に気づくこともあるでしょう。

　また，これらの試みは，課題を生み出しているような社会の現在の状況を変えていくことにもつながるでしょう。ボランティアは社会を変えていく力を秘めているのです。

▼4．共同で成り立つ社会

　ところで皆さんは，ある困難な状況が他人事ではなく自分にもかかわりの
あることであると言われたら，どのように感じるでしょうか。

　たとえば，コンビニでお弁当を買うこともあるでしょう。自分が食べるた
めに自分のお金を使って食べ物を得ているのだから，自分の力で自分の生活
を維持していると感じるのではないでしょうか。しかし，そのお弁当に入っ
ている野菜1つとっても，育てる人，運ぶ人，加工する人，新鮮な状態を
保つために管理する人など，さまざまな人の手を経て，ようやくあなたが食
べることができるのです。あるいは普段何気なく使っている電気や水道など
も，誰かが管理・整備しているから安定して使用できるのであり，同時にそ
れらの資源は一人のものではなく，人びとが共同で使用して生活が成り立っ
ています。

　また，社会のなかで生活している以上，わたしたちは多かれ少なかれ他者
の存在を意識していると同時に，他者から関心を向けられてもいます。わた
したちの生活は常に，このような他者との関係の上に成り立っています。こ
う考えてみると，社会のなかで他人事のようにみえる出来事も，根本ではい
ろいろな場面で自分とのつながりがあることが分かります。ボランティアの
活動とは，このような社会生活における共同性の自覚にもとづいた，他者へ
の関心の具体的行動の現れでもあるといえるでしょう。

第3節　ボランティアの姿をとらえる

▼1．ボランティアを始めるには

　では実際に，福祉を担うボランティアはどのように活動しているのでしょ
うか。第3節では個別のボランティアの活動やボランティア組織の活動に
ついて，その具体的な姿をのぞいてみましょう。

　あなたが何かボランティアの活動をしてみようと思ったときに，まずはど

第11章　ボランティア・NPOの果たす役割　**159**

のようなボランティアがあるのか，どうしたら活動が始められるのかなどの情報収集が必要になります。皆さんにとっては自分でインターネットから検索する方法が一番身近でしょうか。他にも役所や公民館，図書館などにもチラシが置いてありますし，口コミや本・雑誌，あるいはテレビなどで知ることもできるでしょう。また，各市町村の社会福祉協議会には「ボランティア・市民活動センター」が設置されています。ここではボランティア情報の提供だけでなく，ボランティアに関するさまざまなことを相談することもできます。

　どのような活動をするかは，あなたのこれまでの興味・関心，趣味や得意なことから探すこともできますし，活動場所や活動時期・時間から考えることもできます。東京ボランティア・市民活動センターが運営するインターネット情報サイト「ボラ市民ウェブ」では，福祉にかかわるボランティアの活動を含め，東京近郊だけでも約90件以上（短期を含む）のボランティア募集の情報が寄せられています(2015年7月26日現在)。あらためてボランティアの活動の幅広さが感じられるのではないでしょうか。したがって，あなたが活動に参加するための入り口も，いろいろなところにあるのです。

▼2．ボランティアの活躍する場

　わたしたちの生活はさまざまな場面や行動から成り立っており，一人ひとりの生活の形も異なるため，ボランティアのかかわりも一人ひとり少しずつ違ってきます。肢体不自由児施設の職員であった新崎国広は，「職員と一緒に着替えを手伝ってくれるボランティア。子どもたちと一緒に好きなアイドルの話に没頭するボランティア。夏祭りやクリスマス会等のイベントに協力してくれるボランティア」（新崎，2010，79頁）などの，さまざまなボランティアが施設を訪れることで，子どもたちの生活が豊かになっていったと記しています。

　ボランティア活動には，たとえ専門的な知識や技術を持っていなくても，自分にできる範囲・自分の好きな範囲でかかわりを持つことができるという柔軟さがあります。この特徴がボランティア活動を始める際の「やりやすさ」

でもあり，個別の生活課題への柔軟な対応につながる側面でもあります。

　近年盛んになってきている傾聴ボランティアは，一人暮らしの高齢者を支える新たな活動となっています。傾聴ボランティアは主に一人暮らしの高齢者のもとを訪問して，高齢者の話にじっくり丁寧に耳を傾けるという活動をしています。「ただ話を聞くだけなのにボランティアになるのか」と思う人もいるかもしれません。しかし，自分の話を聞いてくれる人がいること，時々訪ねてきてくれる人がいることが，一人暮らしの高齢者の大きな支えになり，孤立の解消にもつながっていきます。一人ひとりの多様な生活があるからこそ，ボランティアの活躍の場も無限に広がっているのです。

▼3．ボランティアが守るべきこと

　自由で自発的な活動であるボランティアですが，活動において守らなければならないこともあります。その意味では，ボランティアの活動は個人の完全に自由な活動なのではありません。たとえばあなたが介助ボランティアとして，一人暮らしの高齢者の自宅に10時に訪問する約束をしていました。しかし当日になって他の予定ができたため，13時に時間を変更することにして高齢者にもそのように電話をしたとしたら，どうでしょうか。確かに，ボランティアの活動をすることは強制されるものではありません。しかし，あなたの変更によって相手（この場合は約束をしていた高齢者）は新たなボランティアを急いで探さなければいけなくなり，見つからなければ介助を受けられなくなってしまいます。福祉を担うボランティアは，困っていることを抱えている人との具体的なかかわりを通じ，その人の生活に影響を与える存在でもあるのです。

　ボランティアの活動が社会のなかでの活動である以上，とくに福祉のボランティアの活動には人という存在がかかわっています。したがって，自発的な活動だからといって自己中心的にふるまうならば，「困ったボランティア」になってしまうかもしれません。ボランティアの活動には，約束やルールを守る，相手のプライバシーを守るといった基本的なことがらがきちんと守られる必要があります。また活動の継続ということも課題になります。一人で

第11章　ボランティア・ＮＰＯの果たす役割　　**161**

は長く続けられない場合もあります。次の節ではこのことについて考えてみたいと思います。

第4節　ボランティア組織の活動

▼1．仲間と出会う

　この節ではボランティアの組織的な活動を見てみましょう。ここでは北海道釧路市で活動しているNPO法人「地域生活支援ネットワークサロン」（以下，ネットワークサロン）の活動を紹介します。

　ネットワークサロンは，しょうがいのある子どもの母親たちが立ち上げたNPO法人です。もともとは，しょうがいのある子どもの母親2人が出会ったことで月に1回の「おしゃべり会」ができていき，そこに参加する仲間が徐々に増えていくことで誕生したサークル活動が，最初の基盤になっています。主には通信の発行や定期的な集まり，リトミックと呼ばれる音楽教育活動などを行ってきました。また，地道な活動を続けていくなかでのメンバーどうしの会話から新たな課題を見つけ出し，福祉関係者や医療関係者などの協力を得ながら，「障がい児を育てるのも，健常児を育てるのも基本的には同じだと思う」という思いにもとづいた本を自分たちの手で発行したり，講演会を開いたりしてきました。

　このサークルは，しょうがいのある子どもたちや，その母親たちの出会う場になっていたことはもちろん，保健師などの専門職や，しょうがいのある子どもに限らず子育て中の母親たちなど，誰でもが参加できる場として機能してきました。つまり，しょうがいのある・なしにかかわらず，また母親であるかどうかにかかわらず，思いを共有した人たちが広い意味での仲間として集っていたのです。先に，ボランティア組織の形成には参加する人びとの目的の共有が基盤となることを見ましたが，この例からも，それがうかがえるでしょう。

162　第Ⅲ部　社会福祉を担う人たち

▼2．NPO法人への発展

　サークルでのさまざまな活動を通じて，しょうがいのある子どもの母親た
ちはお互いが抱えている日々の疑問や悩みを相談し合ってきました。その過
程で，そうした疑問や悩みがいろいろな人びとに共通していたり，社会的に
取り組むべきテーマであったりということに気づき，「自分たちが楽しく取
り組めそうなことからやってみる」（日置，2009，128頁）ことを行ってき
ました。特に地域のたまり場として始めたサロン活動は多くの人が集まる場
となっていきました。このサロン活動を継続していくために，それまでのサー
クルから独立しながら，培ってきたネットワークやノウハウを生かして，
2000年にNPO法人「地域生活支援ネットワークサロン」が設立されました。
　ネットワークサロンは，しょうがいのある子どもの母親たちの自発的な集
まりから始まり，自分たちに必要な活動を自分たちが楽しみながら行ってい
くなかで，新たな課題や，それらが自分たちだけのものではないことに気づ
き，さまざまな人びとや機関とのつながりを増やしながら活動を広げ，より
しっかりとした基盤を得て活動を継続していくうえでNPO法人へと発展し
てきた過程が見てとれます。ここにはできる範囲・楽しめる範囲でという，
ボランティア活動にとってとても重要な要素が含まれていますし，活動を通
じたつながりの拡大や，「ある一人の問題」から「みんなに共通する問題」
へといった生活課題の共有化などが実践されているのです。

▼3．いろいろな自発性

　ネットワークサロンの事業は，しょうがいのある人びとの支援にとどまら
ず，広く地域の人びとが集い，かかわれるような場づくりもしています。
　そのなかで，地域貢献活動の1つに位置づいている「コミュニティハウ
ス冬月荘」は，「よくわからないが地域生活で困っているので何とかしたい人」
や，「自分の力を活かして，すこしでも働きたい人」「いろんな人と出会いた
い人」などさまざまな人びとが気軽に，自然に集まれる場になっています。

第11章　ボランティア・NPOの果たす役割　**163**

このように自発的に冬月荘に集う人びとは，ボランティアの入り口に立っているともいえるでしょう。とにかくまずはそこに行ってみる，人とかかわってみるというのも，ボランティアになっていくうえで1つの大切な一歩です。そのようにして出会った人びとが新たな力を生み出していく可能性は十分に持っているのです。

　また皆さんが何かボランティアの活動を始める際には，自分たちで新しいことを始めることもできますし，こうしたすでにあるボランティア組織の活動に参加していくことも1つの方法です。個別の活動と組織的な活動はまったく別々のものというよりも，個別の活動が組織的な活動の原動力になり，また組織的な活動が個別の活動を支える力になり得ます。それぞれが補完しあいながら独自の活動を行っていくことで，ボランティアの姿もより豊かなものになっていくのです。

おわりに

　ボランティアは，こんにちの社会福祉を支える重要な担い手の一部となっています。これまで見てきたように，その活動を行う側が，「○○してあげる」というような何かを与えるという関係として捉えているならば，それはボランティアの一面的な理解です。

　ボランティアを経験した多くの人からは，かかわった人からの笑顔や優しさにやりがいや喜びを感じたり，ボランティア活動をすることで自分の方が多くの学びを得ていたりといったことが語られます。また活動を通じて自分が誰かの，あるいは社会の役に立っているという実感から，自分自身の自信になったり，成長につながったりもします。つまりボランティアの活動は，ボランティア自身にも得られるものが，たくさんあるということです。ボランティアの活動における関係では，支援「する」側と支援を「受ける」側といった単純な関係性ではなく，活動を通じて相互に支え合うという関係（互酬性）のあることが知られています。

　それは同時に，生活上の困難や課題を抱えている人びともまた，自分の力を活かしてボランティアになっていく存在でもあり，誰かを支える存在にも

164　第Ⅲ部　社会福祉を担う人たち

なりうることを表しています。第3節で紹介したネットワークサロンの例も，しょうがいのある子どもの母親たちという，一見すると支援が必要な人びとのようですが，自分たちで活動して地域にたくさんの社会資源を生み出してきた人びとであり，福祉の担い手ともなってきた人びとです。生活課題を抱えている人びとは，自分の生活状況を自分で改善しようとしながら，自分だけでなく同じような状況に置かれている人びとの生活改善のために活動したり，必要な支援制度の確立のために運動したりしてきてもいます。当事者活動とも呼ばれるこのような活動も，広くはボランティアの活動と捉えることができるでしょう。

　北海道のある市では，知的しょうがいのある人びとのグループが地域のボランティア団体として登録され，高齢者施設の清掃や地域のお祭りへの出店などの活動をしています。また，高齢者やしょうがいのある人，子ども，その他さまざまな人が集まって，それぞれがサポートを必要とする部分をお互いに支え合っていくような場づくりが，いくつかの地域で実践されてきています。誰もが困難を抱えている部分もあれば，誰かを支えることができる部分もある。そんな「お互い様」の発想も，福祉を担うボランティアを支える原動力の1つであり，わたしたちの日常をより豊かに変えていける力を秘めているのでしょう。

文　献

新崎国広（2010）「人と人とのかかわり──児童・障害者・高齢者」柴田謙治・原田正樹・名賀亨編『ボランティア論──「広がり」から「深まり」へ』みらい

日置真世（2009）『日置真世のおいしい地域づくりのためのレシピ50』筒井書房

金子郁容（1992）『ボランティア──もうひとつの情報社会』岩波書店

三本松政之・朝倉美江編（2007）『福祉ボランティア論』有斐閣

全国ボランティア・市民活動振興センター（2010）「全国ボランティア活動実態調査報告書」社会福祉法人全国社会福祉協議会

索　引

ア行

アウトリーチ　123
アダム・スミス　16
アメリカ　21
医学モデル　88
遺族年金　44
依存的自立　91
1.57ショック　62
医療保険　47
院外救助　16
院内救助原則　16
インフォーマル　153
ウェッブ夫妻　17
Welfare to Work　26
AFDC　26
SSI　48
SOSネットワーク　78
エスニシティ　10
エスニック・コミュニティ　132
NPO（非営利組織）　70-72, 153-165
NPO法　72
エリザベス救貧法　15
エンゲルス　17
エンゼルプラン　63, 64
エンパワメント　136
オイルショック　102
"親亡き後"問題　89
オールドカマー　127

オールドタイマー　127

カ行

介護　56
外国人移住生活者　10
外国につながる人　126-137
介護支援専門員　51, 107
介護福祉士　49, 51, 148
介護保険　47, 157
介護保険制度　26, 108
介護保険法　64, 108
介護老人保健施設　97
買い物弱者　121
科学的貧困調査　19
架橋性　158
核家族化　157
格差社会　6
過疎化　111
家族政策　61
家族の個人化　58
家族の小規模化　57
家族類型　57
過疎地域　111-125
過疎地域自立促進特別措置法　112
活動的連帯所得手当　48
カミングアウト　11
求職者基礎給付　48
救貧　48

救貧院　15

救貧税　15

救貧法委員会　16

狭義の社会福祉　44

共済組合　17

共助　65, 70

強制保険　46

協同組合　72

共同性　159

くらしの助け合いの会　73

ケアマネジメント　145

ケアマネージャー　51

ケアワーカー　107, 149

傾聴ボランティア　161

ケインズ　19

ケースマネジメント　145

ケースワーカー　37

血縁　156

限界集落　114

憲法第13条　103

憲法第25条　104

権利侵害　108

高額療養費制度　23

広義の社会福祉　42, 43

合計特殊出生率　63, 102

公衆衛生　43

工場法　17

公助　65

厚生労働省　98

公的扶助　19, 22, 48

高度経済成長　23

高齢化　113

高齢者　96

高齢社会　96-110

高齢社会対策基本法　109

高齢者虐待　49, 58

高齢者虐待防止法　108

高齢者保健福祉推進十カ年戦略（ゴー
　　ルドプラン）　64

国際障害者年　90

国際労働機関（ILO）　20

国勢調査　57

国民皆保険・皆年金体制　22

国民健康保険　55

国民健康保険法　22

国民年金　55

国民年金制度　22

国民保険制度　18

互酬性　164

50年勧告　43

互助　65

国家扶助　43

子ども子育て応援プラン　64

子ども子育て関連3法　64

コミュニティ　13

コミュニティ・オーガニゼーション
　　18

コミュニティ・ケア　36, 74

コミュニティ政策　27

コミュニティ・ソーシャルワーカー
　　79

雇用保険　47

孤立　68

コロニー　89

索　引　**167**

コンフリクト　69

サ行

災害保険　17
在宅介護サービス　117
最低生活保障　48
支え合い　115, 156
差別　69
産業革命　15
支援　164
慈恵施策　17
自己決定　91
自己決定権　52
自助　65
次世代育成支援対策推進法　64
慈善事業　18
慈善組織協会（COS）　18
持続可能な地域社会　81
市町村地域福祉計画　75
失業保険　22
疾病保険　17
児童虐待　49, 58
児童相談所　50
児童手当法　20
児童福祉　49
児童福祉法　22
児童扶養手当　44
児童養護施設　145
自発性　71, 155
司法福祉　144
社会権　18, 21
社会主義社会　17

社会的介護　76
社会的使命　155
社会的弱者　108
社会的障壁　88
社会的排除　6
社会的バルネラブルクラス　10
社会的包摂　37, 135
社会福祉機関　50
社会福祉協議会（社協）　51
社会福祉士　51, 107, 148
社会福祉施設　50, 157
社会福祉制度　9, 49
社会福祉法　52, 75
社会扶助　48
社会保険　19, 22, 43, 46, 47
社会保険料　55
社会保障給付費　53
社会保障制度　22, 43
社会保障制度審議会　43
『社会保障制度に関する勧告』（50 年
　勧告）　43
『社会保障体制の再構築に関する勧告』
　44
社会保障の財源　53
社会保障法　19
社会モデル　88
社協（社会福祉協議会）　51
自由放任主義　16
就労継続支援 B 型事業所　123
恤救規則　16
出生前診断　92
出生率　62

障害者解放運動　84
障害者基本法　86
障害者虐待　50
障害者権利条約　84,87
生涯未婚率　57
少子化社会対策基本法　64
少子高齢社会　100
少数者集団　10
消費税増税　55
消滅可能性都市　4
所得倍増計画　23
所得保障　22
自立　91
自立生活運動　52,84
自立的依存　91
新エンゼルプラン　64
人権　10
人口減少社会　76
人口構造　3
新自由主義　25
身体障害者更生相談所　50
身体障害者手帳　85
身体障害者福祉法　85
新保守主義　25
スウェーデン　21
スクールソーシャルワーカー　51
生活課題　12,153
生活支援ニーズ　126,132-134
生活福祉　12
生活保護法　22
正規職員　54
生産的福祉制度　26

精神保健福祉士　51,107,148
生存権　22
性的少数者　10
制度の谷間　11,86
成年後見制度　108
性別役割分担意識　62
世界人権宣言　21
石油危機　23
セクシャル・マイノリティ　10
切実さ　8
セツルメント　18
セーフティネット　48
全国社会福祉協議会　154
専門職　80,147
相互扶助　72
総需要管理　19
増税なき財政再建　25
即応性　157
ソーシャル・インクルージョン　36,
　135
ソーシャル・ケースワーク　18
ソーシャルビジネス　70
ソーシャルワーカー　35,36,45,
　107,149

タ行

大恐慌　19
大西洋憲章　20
竹中勝男　43
多文化共生　134,135,137
地域再生　81
地域社会　67-81

索引　**169**

地域生活定着支援センター　51

地域福祉計画　75

地域包括ケア　26, 147

地域包括ケアシステム　76, 106

地域包括支援センター　50

小さな政府　25

地縁　156

知的障害　86

知的障害者更生相談所　50

痴呆　98

地方自治　75

中山間地域　113

超高齢社会　78

通所介護　118

つながり　71, 163

TANF　26, 48

デイサービス　118

定住法　16

DV　58, 133, 144

DV 防止法　49

当事者　11, 38

当事者活動　165

当事者主権　84

特定非営利活動促進法　72

特別養護老人ホーム　145

年越し派遣村　7

ドメスティック・バイオレンス　58,
　133, 144

日常生活自立支援事業　108

ニード　45

日本型福祉社会　24

日本型福祉社会論　62

日本国憲法第 25 条　42

入所施設　50

ニューカマー　127

ニューディール政策　19

任意保険　46

認知症　52, 78, 98-100

認認介護　60

任用資格　149

年金保険　47

年少人口　2

ノーマライゼーション　36, 74, 90

ハ行

廃疾老齢保険　17

博愛主義　18

パターナリズム　53

発達障害　86

バルネラブル　10

晩婚化　102

ハンセン病　28-40

ハンセン病問題に関する事実検証調査
　事業　36

ハンセン病問題の解決の促進に関する
　法律　39

非営利組織　70

東日本大震災　72

ひきこもり　79

ビスマルク　17

ナ行

ナショナル・ミニマム　21

70 歳以上高齢者の医療費無料化　23

非正規職員　54

ひとり親家庭　145

ヒューマンニード　45

貧困との戦い　21

貧困の「再発見」　6

貧困の原因　19

フェビアン協会　17

フォーマル　153

複合的多問題地域　6

福祉から就労へ　26

福祉元年　24

福祉国家　9, 18-27

福祉国家批判　24

福祉事務所　50

福祉社会　27

福祉専門職　51

福祉多元主義　27

福祉の混合経済　27

福祉の普遍化　45

婦人相談所　50

ブース　19

フードスタンプ　21

フードデザート　121

フリードマン　25

ヘイトスピーチ　69

ベヴァリッジ報告　20

ヘッドスタート　21

偏見　69

保育士　51

防貧　48

訪問介護　118

保険事故　46

母子福祉法　22

ポツダム宣言　20

ホームヘルプサービス　118

ボランティア　70-72, 153-165

ボランティア元年　72

マ行

マイノリティ・グループ　10

マルクス　17

マルクス主義　17

マルサス　16

ミッション（mission）　155

民生委員　51

無縁社会　2, 6, 67, 68

無癩県運動　30

メディケア　21

メディケイド　21

ヤ行

友愛組合法　17

友愛訪問活動　18

優生手術　34

優生保護法　34

ユニバーサル・クレジット　48

「ゆりかごから墓場まで」　21

ヨーク調査　19

ラ行

ライフイベント　127

ライフサイクル　144, 146

ライフスタイル　103

ライフスタイルとしての家族　58

索引　**171**

癩予防ニ関スル件　30

らい予防法　29, 30

らい予防法の廃止に関する法律　30,
　35

ラウントリー　19

リベラル・リフォーム　18

レッセフェール　16

劣等処遇の原則　16

老人福祉法　108

労働組合　17

労働者災害補償保険　22, 47

老年人口　3

老齢年金法　18

老老介護　60

ロンドン調査　19

ワ行

ワークハウス　16

ワークフェア　26

ワーク・ライフ・バランス　65

執筆者紹介

三本松政之（さんぼんまつ　まさゆき）【序章】

編者紹介参照

坂田周一（さかた　しゅういち）【第 1 章，第 3 章】

編者紹介参照

新田さやか（にった　さやか）【第 2 章】

2002 年　立教大学コミュニティ福祉学部卒業

2015 年　立教大学大学院コミュニティ福祉学研究科博士課程単位
　　　　　取得退学

現　　在　東日本国際大学健康福祉学部准教授

専　　門　地域福祉

主　　著　『支援の障害学に向けて』（共著）現代書館 2007 年

原　史子（はら　あやこ）【第 4 章】

1989 年　明治学院大学社会学部卒業

1996 年　立教大学大学院社会学研究科応用社会学専攻博士課程単
　　　　　位取得退学

現　　在　昭和女子大学人間社会学部教授

専　　門　児童家族福祉

主　　著　『フェミニズムと社会福祉政策』（共著）ミネルヴァ書房
　　　　　2012 年，『ジェンダー化社会を超えて』（共著）学文社
　　　　　2016 年

朝倉美江（あさくら　みえ）【第 5 章】

1983 年　日本福祉大学社会福祉学部卒業

2002 年　東洋大学大学院社会学研究科社会福祉学専攻博士後期課
　　　　　程修了

現　　在　金城学院大学人間科学部コミュニティ福祉学科教授

専　　門　地域福祉

173

主　著　『地域ケアシステムとその変革主体』（編著）光生館 2010
　　　　年，『未来を拓く協同の社会システム』（共著）日本経済
　　　　評論社 2013 年，『社会福祉とジェンダー』（共著）ミネ
　　　　ルヴァ書房 2015 年

通山久仁子（つうざん　くにこ）【第 6 章】

2002 年　立教大学コミュニティ福祉学部卒業

2004 年　立教大学大学院コミュニティ福祉学研究科人間関係学専
　　　　攻修士課程修了

現　　在　西南女学院大学保健福祉学部福祉学科講師

専　　門　障害者福祉

本多　勇（ほんだ　いさむ）【第 7 章】

1995 年　専修大学文学部人文学科卒業

2006 年　東洋大学大学院社会学研究科社会福祉学専攻博士課程単
　　　　位取得退学

現　　在　武蔵野大学通信教育部人間科学科（社会福祉専攻）教授，
　　　　社会福祉士，保育士

専　　門　社会福祉，高齢者福祉，ソーシャルワーク

主　著　『社会福祉実践における主体性を尊重した対等な関わりは
　　　　可能か』（共著）ミネルヴァ書房 2015 年，『ソーシャルワー
　　　　カーのジリツ』（共著）生活書院 2015 年

大井智香子（おおい　ちかこ）【第 8 章】

1993 年　日本福祉大学社会福祉学部卒業

2001 年　日本福祉大学大学院社会福祉学研究科福祉マネジメント
　　　　専攻修士課程修了

現　　在　皇學館大学現代日本社会学部准教授

専　　門　社会福祉，地域福祉

主　著　『三訂 社会福祉概論』（共著），『地域ケアシステムとその
　　　　変革主体』（共著）共に光生館 2010 年，『地方都市「消滅」
　　　　を乗り越える！』（共編）中央法規出版 2016 年

門　美由紀（かど　みゆき）【第 9 章】

1994 年　学習院大学文学部卒業

2012 年　東洋大学大学院社会学研究科社会福祉学専攻博士後期課
　　　　程修了

現　　在　東洋大学社会学部助教（実習担当）

専　　門　地域福祉，国際社会福祉

主　　著　『福祉ボランティア論』（共著）有斐閣 2007 年，『新版社
　　　　会福祉概論（N ブックス）』（共著）建帛社 2014 年，『社
　　　　会福祉実践における主体性を尊重した対等な関わりは可
　　　　能か』（共著）ミネルヴァ書房 2015 年

実方由佳（じつかた　ゆか）【第 10 章】

2000 年　東洋大学社会学部卒業

2014 年　東洋大学大学院福祉社会デザイン研究科社会福祉学専攻
　　　　修士課程修了

現　　在　和洋女子大学子ども発達学類助教

専　　門　ソーシャルワーク，子育て支援，専門職間連携

鍛治智子（かじ　ともこ）【第 11 章】

2009 年　立教大学コミュニティ福祉学部卒業

2011 年　立教大学大学院コミュニティ福祉学研究科コミュニティ
　　　　福祉学専攻修士課程修了

現　　在　十文字学園女子大学人間生活学部人間福祉学科有期助手

専　　門　障害者福祉

編者紹介

三本松政之（さんぼんまつ　まさゆき）
1986年　中央大学文学研究科社会学専攻博士課程単位取得退学
現　在　立教大学コミュニティ福祉学部コミュニティ政策学科教授
専　門　地域社会学，福祉社会学
主　著　『福祉ボランティア論』（共編著）有斐閣 2007 年，『新・コミュニティ福祉学入門』（共著）有斐閣 2013 年，『コミュニティ政策学入門』（共編）誠信書房 2014 年

坂田周一（さかた　しゅういち）
1979年　立正大学文学研究科社会学専攻博士課程単位取得退学
現　在　立教大学名誉教授，西九州大学健康福祉学部教授
専　門　社会政策，社会福祉
主　著　『新・コミュニティ福祉学入門』（監修）有斐閣 2013 年，『社会福祉政策（第 3 版）』有斐閣 2014 年，『コミュニティ政策学入門』（監修）誠信書房 2014 年

はじめて学ぶ人のための社会福祉

2016 年 8 月 20 日　第 1 刷発行
2017 年 5 月 20 日　第 2 刷発行

編　者	三 本 松 政 之
	坂 田 周 一
発 行 者	柴 田 敏 樹
印 刷 者	藤 森 英 夫

発行所　株式会社 **誠 信 書 房**
〒112-0012 東京都文京区大塚 3-20-6
電話 03（3946）5666
http://www.seishinshobo.co.jp/

©Masayuki Sanbonmatsu & Shuichi Sakata, 2016　印刷／製本：亜細亜印刷㈱
検印省略　落丁・乱丁本はお取り替えいたします
ISBN978-4-414-60157-2 C1036　Printed in Japan

JCOPY ＜(社)出版者著作権管理機構　委託出版物＞

本書の無断複写は著作権法上での例外を除き禁じられています。複写される場合は、そのつど事前に、(社)出版者著作権管理機構（電話 03-3513-6969，FAX03-3513-6979，e-mail: info@jcopy.or.jp）の許諾を得てください。